经理人下午茶系列 11

激励员工

——留住宝贵人才
——鼓舞员工士气
——创造愉快职场

**Motivating People**

for Improved Performance

《哈佛管理前沿》
　　　　　　　　编辑组　编
《哈佛管理通讯》

段秀伟　译

商务印书馆
2007年·北京

Motivating People

for Improved Performance

Original work copyright © Harvard Business School Publishing Corporation.
Published by arrangement with Harvard Business School Press.

**图书在版编目(CIP)数据**

激励员工/《哈佛管理前沿》《哈佛管理通讯》编辑组编;段秀伟译. —北京:商务印书馆,2007
(经理人下午茶系列)
ISBN 7-100-05290-4

I. 激… II. ①哈…②段… III. 企业管理:人事管理—激励—方法 IV. F272.92

中国版本图书馆 CIP 数据核字(2006)第 160945 号

所有权利保留。
未经许可,不得以任何方式使用。

激 励 员 工
《哈佛管理前沿》《哈佛管理通讯》编辑组　编
段秀伟　译

商 务 印 书 馆 出 版
(北京王府井大街36号　邮政编码 100710)
商 务 印 书 馆 发 行
北京瑞古冠中印刷厂印刷
ISBN 7-100-05290-4/F·652

2007年7月第1版　　　　开本 650×1000 1/16
2007年7月北京第1次印刷　印张 14¼
印数 5 000 册
定价:29.00元

## 商务印书馆—哈佛商学院出版公司经管图书翻译出版咨询委员会

（以姓氏笔画为序）

方晓光　盖洛普（中国）咨询有限公司副董事长
王建铆　中欧国际工商学院案例研究中心主任
卢昌崇　东北财经大学工商管理学院院长
李维安　南开大学商学院院长
陈　儒　中银国际基金管理公司执行总裁（CEO）
陈国青　清华大学经管学院常务副院长
陈欣章　哈佛商学院出版公司国际部总经理
忻　榕　哈佛《商业评论》首任主编、总策划
赵曙明　南京大学商学院院长
涂　平　北京大学光华管理学院副院长
徐二明　中国人民大学商学院院长
徐子健　对外经济贸易大学副校长
David Goehring　哈佛商学院出版社社长

# 致中国读者

哈佛商学院经管图书简体中文版的出版使我十分高兴。2003年冬天,中国出版界朋友的到访,给我留下十分深刻的印象。当时,我们谈了许多,我向他们全面介绍了哈佛商学院和哈佛商学院出版公司,也安排他们去了我们的课堂。从与他们的交谈中,我了解到中国出版集团旗下的商务印书馆,是一个历史悠久、使命感很强的出版机构。后来,我从我的母亲那里了解到更多的情况。她告诉我,商务印书馆很有名,她在中学、大学里念过的书,大多都是由商务印书馆出版的。联想到与中国出版界朋友们的交流,我对商务印书馆产生了由衷的敬意,并为后来我们达成合作协议、成为战略合作伙伴而深感自豪。

哈佛商学院是一所具有高度使命感的商学院,以培养杰出商界领袖为宗旨。作为哈佛商学院的四大部门之一,哈佛商学院出版公司延续着哈佛商学院的使命,致力于改善管理实践。迄今,我们已出版了大量具有突破性管理理念的图书,我们的许多作者都是世界著名的职业经理人和学者,这些图书在美国乃至全球都已产生了重大影响。我相信这些优秀的管理图书,通过商务印书馆的翻译出版,也会服务于中国的职业经理人和中国的管理实践。

20多年前,我结束了学生生涯,离开哈佛商学院的校园走向社会。哈佛商学院的出版物给了我很多知识和力量,对我的职业生涯产生过许多重要影响。我希望中国的读者也喜欢这些图书,并将从中获取的知识运用于自己的职业发展和管理实践。过去哈佛商学院的出版物曾给了我许多帮助,今天,作为哈佛商学院出版公司的首席执行官,我有一种更强烈的使命感,即出版更多更好的读物,以服务于包括中国读者在内的职业经理人。

在这么短的时间内,翻译出版这一系列图书,不是一件容易的事情。我对所有参与这项翻译出版工作的商务印书馆的工作人员,以及我们的译者,表示诚挚的谢意。没有他们的努力,这一切都是不可能的。

哈佛商学院出版公司总裁兼首席执行官

万季美

# 目录

引　言 ................................................................. 001

## 第一部分　帮助员工找到工作的真正意义　019

1. 鼓舞一线员工士气　　　　　　查尔斯·沃戴尔　020
2. 得人才,得人心　　　　　　　　罗兰·盖瑞　028
3. 让工作富有意义　　　　　　　　亚当·托布勒　034
4. 因势利导,激励员工　　　　　　安妮·费尔德　048
5. 寻找富有意义的工作　　　　　　罗兰·盖瑞　062

## 第二部分　强化个人品质　071

1. 积极乐观,脚踏实地　　　　　　罗兰·盖瑞　072
2. 像主人翁那样工作　　　　　　　西奥多·金尼　082
3. 信任——如何建立信任、赢得信任以及重建失去的信任　092
4. 超管理模式的兴起　　　　　　　罗兰·盖瑞　102
5. 优秀员工的困境　　　　　　　　詹尼弗·麦克法兰　108

## 第三部分　立足本职工作,着眼公司全局　115

1. 与韦恩·贝克探讨如何激励同事　116
2. 公开账簿管理的启示　　　　　　约翰·凯斯　122

# 目录

3. 加布里埃尔·肖尔兰斯基访谈录——如何在公司内部推广成功经验　　罗兰·凯勒·约翰逊　　134
4. 你的员工是公司的所有者吗?　　144

## 第四部分　留住优秀员工　　153

1. 人才管理,迫在眉睫　　克里斯滕·B. 多纳休　　154
2. 人才保留新战略——关注个体　　164
3. 创造满意职场九步曲　　174
4. 让员工满意——赢得员工忠诚的歧途
   　　弗雷德里克·F. 瑞克霍德　　186

## 第五部分　选择适宜的回报、认可和奖励方式　　195

1. 与鲍勃·纳尔逊谈如何认可与回报员工　　196
2. 对于金钱与激励的再思考　　罗兰·盖瑞　　202
3. 什么是当代最有效的员工奖励方式?
   　　彼得·雅各布斯　　208

作者简介　　218

# 引　言

　　作为一名管理者，如果你不能激励你的团队在工作中发挥出最佳水平，即使你拥有一个才华横溢的团队——团队中的每个成员都拥有公司成功所需的技能和专业知识，这些才华都将毫无意义。只有在工作中把员工的全部潜能激发出来，公司才能在竞争中脱颖而出。试想有这样一个团队——团队中每个成员都发挥出最高水平。你会发现这样的团队具备如下特点：

- 对于公司亟待解决的问题，员工们积极献计献策，提供具有创意的解决办法。
- 团队成员之间相互协作，对产品和服务进行创新，使市场发生翻天覆地的变化。
- 员工们热情迸发，忘我工作，甘愿为公司奉献他们的精力和时间。
- 即使公司身处困境，他们依然对公司忠诚如一，忠于职守。
- 每个员工都勇于面对工作中的困难和挑战。
- 员工们以工作为荣，认为对公司前程责无旁贷。

　　拥有这样一个如此优秀的团队，公司将会在竞争中超越对手,遥遥领先。

## 激励:比任何时候都重要

在现代企业环境中,如何激励员工发挥最佳水平,已经成为一个越来越重要的问题。这是为什么呢?因为随着竞争日益加剧,利润空间越来越小,以至于许多公司破产消亡。经济的不确定性已经影响到所有产业,而且,没有人能准确地预见经济何时才能走出低谷。所以,只有通过管理者激励员工取得出色工作业绩,进而促进公司利润增长,才能使得公司即使身处困境,也能得以生存和发展。

然而,即使在一个健康发展的经济中,公司也不能保证能够最大限度地获取员工价值。原因在于,随着经济的发展,许多人已不再满足于一份仅仅能够养家糊口的工作,他们渴望一份富有意义的工作。换而言之,他们渴望超越自我、渴望接受挑战、渴望提高技能、渴望投身于一家他们认为能够成就一番事业的公司。当今,对于许多员工而言,仅仅一份稳定的收入,已不足以激励他们奋发图强。

不仅如此,许多企业都已卷入一场人才争夺战中,而且这场人才争夺战远没有结束的迹象。事实上,仅就美国而言,在未来的几十年中,因为人口结构的变

化,这场人才争夺战将会愈演愈烈。原因在于,随着人口出生率下降和人口老龄化,主要的人才群体——年龄在45岁以下的员工——将在今后十年中减少6%。而另一方面,人们在寻找工作时,除了薪金报酬之外,还要求工作能够赋予他们生活的意义、给予他们满足感,并且具有挑战性。在这种情况下,员工频繁地更换工作,也就不足为奇了。

显然,如果管理者希望建立一支公司成功所必需的工作团队,并且希望在自己的职业生涯中得以发展并获得成功的话,就必须把激励员工作为工作的一部分。然而,激励他人发挥出最高水平,绝非易事。

## 一项复杂的艺术

许多人认为,"激励"这个词含有具体动作的内涵——"推动"是其近义词之一。但是,管理者要激励员工,不能简单地去推动员工或者通过精神上灌输恐惧感而使他们工作。真正意义上的激励,远远比这要复杂,并需要与管理技巧巧妙地结合在一起。

激励员工出色表现,需要你帮助他们找到工作的意义,令他们感受到工作卓有成效。同时,还必须鼓励员工形成有利于促进工作业绩的个人品质,例如既乐观又实际的世界观、具有主人翁般的奉献精神和坚信公司必胜的信心。

除了要让员工对本职工作尽职尽责之外,还要培养他们对公司的忠诚和奉献精神。在一个士气高昂的团队里,大家相互鼓励,力争获得更出色的业绩。每个员工不仅要对个人的工作尽职尽责,还要对公司的整体发展具有责任感。一种行之有效的工作方法,能够很快地在同事之间传播,并能有效地贯彻到整个公司。员工们懂得,自身的努力会影响公司业绩,并且都认为,自己对公司的整体发展责无旁贷。

即使你已经取得以上成就,也不能就此止步。你该找出最佳表现者——那些你认为公司生存所必需的人,而且要想方设法赢得他们的忠心。相比于其他因素,合理的薪酬、认可和奖励计划,是决定人才管理计划成败与否的关键。

本书所收录的文章被分为不同章节,分别就这些主题进行了探讨。以下是各章的内容概要:

## 帮助员工找到工作的真正意义

为了帮助员工寻求工作的真正意义,必须使公司内不同层面——从最前线到最基层岗位——的所有员工都相信,他们的努力对公司至关重要,公司会为

励员工

他们提供不断学习的机会。基于这种认识,本章的开篇为查尔斯·沃戴尔(Charles Wardell)的题为"鼓舞一线员工士气"的文章。沃戴尔解释说,管理者无须用昂贵的培训或薪酬计划来激励一线员工的工作热情,使他们工作富有成效。他指出,相反,"仅通过经营团队的方式,就会收到与众不同的效果……"沃戴尔提供了五个快捷的方法,其中包括视员工如顾客(员工上班时和他们打招呼,下班时和他们道别,上班期间和他们交谈)、倾听员工的心声(询问他们希望提高哪方面技能)、交叉培训(以此来提供不间断的在岗培训)。

在"得人才,得人心"一文中,罗兰·盖瑞(Loren Gary)讲述的是,如何帮助员工认识到,员工个人所寻求的工作意义与公司的命运密切相关。他提醒管理者注意,畏惧和强迫并不能使员工感受到工作的真正意义——尤其是在这样一个时代,"公司不断要求员工们为公司奉献,而回报给员工的却是毫无实质内容的许诺:当他们为公司付出一切才能之后,公司将会为他们提供进一步提高技能的机会"。管理者必须以身作则,严守忠诚和诚信,"让员工了解你所了解的"有关公司的财务状况和业务计划。这样能够培养相互合作的意识和"同舟共济"的责任感。

在"让工作富有意义"一文中,亚当·托布勒(Adam Tobler)对这章的主题进行了进一步的探讨。他认为,管理者需要了解每个员工所认同的价值观,让员工承担能够激发其"内在动力"的工作。托布勒引用迈克尔·马科比(Michael Maccoby)的五种"个性类型"模型,来解释他的观点:专家型员工需要通过掌握更多的知识技能得到激励;助人为乐型员工则需要从关心和帮助他人中获取动力;自我保护型员工的工作动力源于对其自尊和生存权的尊重;创新型员工会对创造和试验新事物产生回应;自我完善型员工则需要从提高技能和个人发展的平衡中寻求激励。

在"因势利导,激励员工"一文中,基于八种"职业基础"(career anchors),安妮·费尔德(Anne Field)提出了不同的内在激励模式。这些职业基础包括:技术/职能方面的能力、管理能力、自主权、安全感、企业家创新精神、服务意识、应对挑战的能力,以及协调个人生活和工作的能力。管理者必须根据每个员工的职业基础,因人而异,采取相应的交流方式和认可方式,以此达到激励员工的目的。例如,在提高技术能力为动力的员工面前,"切忌不懂装懂,试图伪装[你的知识]。他们会马上看穿你,对你的尊重会荡然无存。"对于这类员工,要使他们不断提高技能,让他们与科技发展前沿保持同步,这样才是对他们的认可。

该部分的收尾之作是,罗兰·盖瑞的文章"寻求富有意义的工作"。罗兰·盖瑞对企业家精神做了更为深入的探讨。他认为,随着各国经济的不断发展,越来

越多的人有可能变成"自由人"(free agency)(指那些以自己的"知识产权"为资本的员工)。为了充分利用这类员工身上的企业家精神、工作热情以及创新意识,即使处于成长阶段的公司,也"必须保持一种亲切的、具有企业家精神的氛围及环境"。这样做的目的是,使那些"自由人""愿意加入公司,只有吸引这类经验丰富的人才,公司才有可能变得更具竞争力"。

## 强化个人品质

那些受到激励而发挥出色的员工,不仅认为他们的工作富有意义,而且会表现出某些特殊的个人品质。管理者可以协助他们发挥这些品质。在"积极乐观,脚踏实地"这篇文章中,罗兰·盖瑞探讨了其中的一种品质:随机应变。这种品质是乐观主义和现实主义的结合,使得员工能够在"惯性思维的同时兼具准确性和灵活性"。盖瑞认为,管理者可以根据需要,通过强化乐观主义或现实主义来培养员工随机应变的品质。例如,一位经理通过对各种不利情况的透彻分析,帮助一位员工纠正了他的盲目乐观倾向。这位员工列出了他可能面临的各种不利因素,以及每种不利因素出现的可能性。这使他能够全面认识到最有可能出现的结果,并找到了解决问题的办法。

一个深受激励的员工,除了具有随机应变的品质之外,还应对其工作充满自豪感——在"像主人翁那样工作"一文中,西奥多·金尼(Theodore Kinni)讨论了这种品质。他在文中写道:"经常就工作自豪感进行交流,本身就是一种非常有效的激励措施。"金尼向管理者们建议,认可员工为公司业绩所作出的贡献,强调某些工作(例如,精确测量,或是熟练使用某种设备)对于公司生存的重要性,以此来增强员工对于本职工作的自豪感。即使公司目前的财务状况不足以引发员工的自豪感,公司仍然拥有许多其他令员工引以为荣的资源,例如,公司里的同事、公司的传统以及公司为顾客所提供的产品或服务。

正如在"信任——如何建立信任、赢得信任以及重建失去的信任"一文中所述,管理者与员工之间的信任,是激励行为的另外一个重要组成部分。相互信任使公司员工们工作更有效率。要想使这项品质发挥显著作用,管理者行为做事,必须从三方面建立信任,即建立能力信任,认可员工的技术和能力,给予员工决策权;建立契约信任,领导有方,遵守协定,始终如一;建立交流信任,共享信息,实事求是,承认错误。而且,要"培养自己获取信任他人的能力……当你确信你自己值得信赖的时候,在与陌生人相处时才会充满信心。你对于他人的信任,与你的自我信任同步增长"。

在"超管理模式的兴起"这篇文章中,罗兰·盖瑞

从另外一个角度对信任进行了探讨。盖瑞认为,员工得到经理的信任和重视,就会备受鼓舞,工作会更加努力。信任在一个超管理组织里作用重大。在此文中,盖瑞把超管理组织定义为"一个大型的、自行组成的团体,在这个团体中,尽管参与者没有得到显著的、直接的经济收益,却依然释放出非比寻常的、高涨的精力和对工作的专注。这种超管理组织的代表包括 Linux(开源软件运动)以及丰田公司(Toyota)著名的精练(LEAN)供应链。超管理组织的繁荣与发展源于信任,因为"在很大程度上,他们允许员工自主选择任务,按照自己的进度工作,使得员工能从工作本身获取满足感"。

本部分最后一篇文章为"优秀员工的困境"。詹尼弗·麦克法兰(Jennifer MacFarland)在文中指出,士气高昂的员工身上普遍具有一种不可取的特点,她称之为"工作成瘾症"(Gonzo Overindulgence)。麦克法兰将"工作成瘾症"定义为:"强迫性地陷入到一项工作中时,所产生的那种极度的沉醉感和满足感。"如果不采取预防措施,工作成瘾症会导致员工崩溃。尽管鞭打"快牛"(让那些"死也要把工作做完的"明星员工做更多的工作)是一种普遍存在、也是可以理解的做法,但是,管理者应避免这种做法,以防止员工患上"工作成瘾症"。

# 立足本职工作，着眼公司全局

积极的员工不应仅仅关心自己的本职工作或手头上的任务，还应关注整个公司业绩的增长。在"与韦恩·贝克（Wayne Baker）探讨如何激励同事"一文中，密歇根大学商学院的贝克教授探讨了能够鼓舞他人的员工对于公司的重要性。贝克解释说，那些积极分子更关注解决问题的可能性，而非问题本身，他们让同事感到充实，乐于向同事请教，坦率直言。员工的积极性越高，表现就越出色。通过树立积极的态度和行为，管理者可以激发员工的工作热情，并获得出色的工作业绩，而一部分员工受到鼓励，继而会感染带动其他同事一同努力工作。

备受鼓舞的员工能够激发公司其他同事的工作热情，除此之外，他们不只对自己分内的工作尽职尽责，还关心整个业务流程质量。在"公开账簿管理的启示"一文中，约翰·凯斯（John Case）谈到了这一主题。凯斯指出，员工们只有充分了解了公司的状况，即公司的根本目标以及衡量业绩的标准，才会受到鼓舞，从而提高工作效率。公司可以通过与员工共享公司财务信息、向员工解释这些信息的含义，以及和员工讨论各部门的小目标应如何支持公司的大战略等方式，来加强

励员工

员工对公司状况的了解。凯斯说："当然,对于某些重要的数据和信息,公司必须要保密。但是,采用公开账簿管理模式的公司都感觉到,公司可以公开的安全信息,比最初认为可以公开的信息要多……[这些公司]坚持这一信念:员工对公司一无所知,工作不可能有效率。"

在"加布里埃尔·肖尔兰斯基访谈录——如何在公司内部推广成功的经验"一文中,欧洲工商管理学院(INSEAD)的肖尔兰斯基教授在接受劳伦·凯勒·约翰逊(Laueren Keller Johnson)的访问时,强调了在全公司推广成功之道的重要性。只有员工受到激励,自觉对公司整体业绩责无旁贷时,推广成功之道,才能更经常化,更能够获得成功。为了推广成功作法,管理者可以采取措施"解放"知识。这些措施包括鼓励员工充分运用转化得来的知识并与自己的工作方式相结合,激励员工抓住机遇去提高现有知识水平,培养员工之间积极的沟通和团队合作精神。还有其他一些技巧,包括给员工解释新知识的重要性,确保员工掌握技能、拥有共同的语言,以及把知识运用到实际工作之中的经验。

员工受到鼓舞,除了认为对同事、公司业务流程以及推广成功做法负有责任之外,还具有与公司所有者一样的主人翁责任感。他们心系公司的生存和未来发展。本部分的最后一篇文章是对斯普林菲尔德再制造公司（Springfield Remanufacturing Corporation）的CEO杰克·斯塔克（Jack Stack）的专访，该文题目是"你的员工是公司的所有者吗？"在这篇专访中，斯塔克详细说明了管理者如何培养员工的主人翁责任感。就此，他提出了如下建议：帮助员工全面了解公司，全面了解"公司所有部门包括研发部门、营销部门、客户服务部门和财务部门是如何相互协作的"；对员工进行业务基本知识培训，使员工能理解基本财务知识；阐明员工的工作如何影响公司的财务业绩。例如，某家公司让员工了解到减少应收账款可以减少负债，从而产生较高的纯利润；减少利息支出，也可以促进利润增长。为了鼓励员工减少应收账款，这家公司在增收的现金流中拨出部分资金，用来设立一个特定的员工奖励计划——从而使得员工更直观地了解他们付出的努力是如何促进公司业绩增长的。

## 留住优秀员工

不要认为你只需注重激励那些工作努力或没有充分发挥潜力的员工，而激励你的明星员工——即使不是更重要——至少也是同样重要。既然你已从这些才华横溢的员工身上获得了高质量的工作成果，那么，赢得他们对公司的忠心就成为你努力的另一个目标。

本部分收集的文章阐述的是留住最佳员工的有效措施。克里斯滕·B.多纳休(Kristen B. Donahue)在题为"人才管理，迫在眉睫"的文章中，就此提出了四条建议：1)致力于留住最佳员工、淘汰表现不佳的员工；2)强化员工间的团结协作，使"员工忠于团队，这样，团队才能强大"；3)"对于某些员工来说，忠于公司、建设团队以及追求理想与事业至关重要"，要善于发现这些员工，认可他们，并且要竭尽全力留住他们；4)对于优秀员工的安排，要做到知人善用——并且给予他们充足的资源和一定的工作自主权。

　　"人才保留新战略——关注个体"一文则提出了更多的建议，补充和丰富了多纳休的观点。例如，不妨进行"挽留谈心"——与你所赏识的员工谈话，了解他们对工作的感受和下一步的计划等。专家建议定期进行这种面谈，留意一些不满的苗头，比如，无故旷工。这样做的目的是什么呢？就是，在员工决定离职之前与他们谈心，消除可能存在的不满和误解，而不是等他们决定离职之时才想到亡羊补牢。除了利用挽留谈心这种形式之外，还要为了留住人才而招聘。无论你看中的是应聘者的稳健性，还是赏识应聘者随机应变的能力，关键的是要招聘那些与你公司价值取向相符的人才。不要掩饰拟招聘职位的不尽人意之处——你需要的是能够全盘接受这个职位的人，包括这个职位的优点和缺点。

正如"创造满意职场九步曲"一文所揭示的那样，如果员工喜欢并尊重上司，就会安心工作，在职时间也相对较长。盖洛普公司(Gallup)的一位高级副总裁说："员工加入某家公司可能是因为这家公司的名气……然而，他们能在公司待多久，则取决于他们的管理者。"要使员工对公司忠心耿耿，可以尝试一下以下方法：让员工意识到其工作的重要意义——即使是像写报告这类看似不起眼的工作；期望员工展现最大价值，鼓励他们超越目标；制定高标准，但不要命令和支配员工如何达到这些标准；留出至少10%的工作时间，与员工讨论工作计划。

本部分的最后一篇文章是弗雷德里克·F. 瑞克霍德(Frederick F. Reichheld)写的"让员工满意——赢得员工忠诚的歧途"。"只要员工满意，就会对公司忠心"是一种公认的先进理念。在这篇批判性的文章中，瑞克霍德对这一理念提出了质疑。他认为："只有员工不满足于现状，努力工作，以其提供的价值和服务不断发展扩大忠实的客户群时，才能产生真正的员工忠诚。"为加强员工和客户忠实度之间的联系，瑞克霍德建议经理们把部门划分为几个团队，每个团队8～12人。这种规模的团队可以对客户需求做出更为迅速的反应，而且与大规模团队相比，更具责任感。瑞克霍德又补充道："为你的团队提供所需的方法和标准，以衡量他们为赢得客户忠诚所创造的价值和服务。"

# 选择适宜的回报、认可和奖励方式

大多数管理者认为,加薪、奖金或者其他货币形式的回报,足以调动员工的积极性。本部分的文章都表明,金钱当然是组成公司员工薪酬计划的重要部分。但是,最能鼓舞员工的却是报酬、认可与奖励所构成的货币和非货币形式的回报组合。有些专家认为,实际上,非货币形式的回报能够产生一种比货币形式的回报更积极的作用。

例如,在"与鲍勃·纳尔逊(Bob Nelson)谈如何认可与回报员工"一文中,纳尔逊强调,对员工工作的非正式形式的认可,在促进员工积极性方面发挥着很重要的作用。纳尔逊认为,员工们最看重的是参与和支持管理工作——征求他们的意见,让他们参与决策,赋予他们工作自主权,在他们犯了错误之后给予支持。员工们还看重最普通的表扬——不论是当面表扬、写表扬信、当众表扬,还是通过发电子邮件表扬。纳尔逊指出:"这些都是最受员工欢迎的[激励方式],而且不花一分钱。"

在"对于金钱与激励的再思考"一文中,罗兰·盖瑞从不同的视角对货币形式的报酬进行了审视和再思考。盖瑞写到,在经济发达的时代,人们想当然地认为收入总是会增长,许多人开始把金钱的累积作为一项最明显的指标,以此来衡量工作的价值。问题在于,如果经济出现衰退,公司没有兑现每年一次的加薪,员工就会得出结论说,公司不尊重或不珍惜他们——而这一定会打击员工的积极性。要纠正这种认识,管理者就要对员工进行公司基本财务知识的培训——向员工解释公司收入和利润之间的区别,使员工认识到他们为公司所付出的努力对促进公司业绩所起的作用。这样做的目的是什么呢?就是要帮助员工找到职业满足感的真正源泉,而这种满足感是无法从金钱中获得的。

"什么是当代最有效的员工奖励方式?"的作者彼得·雅各布斯(Peter Jacobs)在该文中阐述了长期奖励计划的创新形式。雅各布斯特别指出,许多公司正在重新考虑员工薪酬计划中股票期权的作用——并且,在可变性补偿报酬方面进行着新的尝试。由于有了可变性补偿报酬计划,员工可以从薪酬计划的系列菜单中自由选择,这些菜单可能包括现金、限制股和期权等不同形式的回报。薪酬计划中的可变部分只有在公司达到既定目标之后才能兑现。员工只有在直观地看到他们的工作表现与获得的回报之间的关系后,积极性才能提高。

显然,激励员工需要综合的方法以及对人性的深

刻认识。你在阅读这些文章时，试问自己如下这些问题：

- 你的员工找到工作的意义和目标了吗？如果没有，你会采取什么措施去帮助他们找到工作的意义和目标呢？
- 你的员工拥有提高工作业绩所必需的个人品质吗？比如，既乐观又现实的态度、主人翁意识、对你和公司的信任以及是否懂得避免超负荷工作？如果不具备这些品质，你该怎样帮助他们？
- 你的员工关心本职工作以外的其他公司事务吗？比如，他们能够感染和带动同事吗？关心公司整个业务流程吗？能把行之有效的成功做法推广到所有部门吗？认为自己直接对公司业绩负责吗？如果不是这样，你怎样才能培养这种更强烈的责任感呢？
- 你知道谁是你的最佳员工吗？如果知道，你将采取什么方法留住这些人才呢？
- 你采用什么样的员工报酬、认可和奖励计划来激励你的员工？你可能会怎样调整这些奖励计划以便更有效地调动员工积极性？

通过了解和运用本书中的方法，来激励你的员工在工作中发挥最佳水平，你会为公司赢得令人惊叹的成果。同时，也会令你在自己的职业生涯中取得成功。

# 第一部分

## 帮助员工找到工作的真正意义

备受鼓舞的员工认为,自己的工作至关重要,他们是在为一项伟大的、超越自我的事业而奋斗。然而,怎样帮助员工在工作中找到这种感觉呢?在本部分收集的文章中,你会发现,只要通过与员工分享公司的商业计划,无需昂贵的培训计划或复杂的薪酬计划,就可以营造出一种与员工"同舟共济"的氛围。首先,要了解影响每个员工积极性的内在因素——是掌握一项专门的技术、创新的机遇,还是给他们展现企业家精神的机会。然后,根据这些"内在动力",来调整与员工的交流方式以及认可员工的方式。

## 1. 鼓舞一线员工士气

*查尔斯·沃戴尔*

# 1. 鼓舞一线员工士气
## 查尔斯·沃戴尔

任何公司运转都离不开一线员工的工作,如商店售货员、库房管理员、客房服务员、电话推销员以及其他从事日常工作的一线工作人员。通常,他们接受的培训不多,薪水也不高。然而,往往就是这些员工决定着顾客是满意而归,还是拂袖而去。要使他们工作卓有成效,并对工作充满热情,你该怎样做呢?

有两种昂贵的方法:一种是开展综合培训计划,帮助一线员工获得工作成功和晋升所需的技能。另外一种方法就是,为一线员工提供优于他们现有的福利和薪酬计划[如星巴克(Starbucks)的股票期权]。两种方法都可以产生奇迹。但是,如果你不直接负责一线员工,或者无权实施这样的计划,也不要束手无策,还有第三种方法,而且经济实惠,那就是仅仅通过改进管理团队的方式,也可以极大地促进一线员工的工作。

# 反省你的态度

你是否经常把迪尔伯特(Dilbert)的漫画挂在墙上？纳尔逊激励公司(Nelson Motivation)的鲍勃·纳尔逊(Bob Nelson)说："许多经理都难以信任一线员工，他们强调，因为工资太低，很难招到雇员。不到万不得已，没人愿意做这些工作。况且，员工也干不长，对他们进行培训，划不来。"所以，这些经理对待一线员工就像处理旧家具一样，毫不珍惜，也就不足为奇了。有位经理曾对纳尔逊这样说："你不明白，我的员工都有毛病。"

我们把这种对待员工的态度与Chick-fil-A快餐店的主管乔·克拉克(Joe Clark)的态度进行一下比较。克拉克说："为我工作的员工，也是我的顾客。"克拉克在员工来上班时，问候他们；下班离开时，和他们道别；工作间隙，也会找机会和他们聊聊天。他说："我最开心的时候是餐厅开门迎客前的那一刻，大家都在为开餐做准备。这是我们彼此了解的好机会。"克拉克从事的是快餐业，而一些员工跟随他工作已经有八、九年甚至十年的时间了。"他们已经在这里找到了工作上的满足感。"

## 从小事着手，并持之以恒

凯西·法里斯（Kathe Farris）是波士顿舰队金融集团（Fleet Boston）的资深顾问。几年前，她做过一次调查，要求一组银行编码校对员——审验支票的工作人员——列举出经理需要做哪三件事，他们才愿意继续留在银行工作。他们的答案是什么呢？凯西说："跟我们说你好、谢谢和请。"这个结果与威奇托州立大学巴顿商学院（Barton School of Business at Wichita State University）的院长杰拉尔德·格雷厄姆（Gerald Graham）几年前所做的调查结果不谋而合。格雷厄姆对办公室和保健部门的员工进行了调查，目的是找出提高工作效率的最有效的方式。他在报告中说："很有趣，员工们所说的最能鼓舞他们的奖励方式，不用花费一分一毫。"这些方式包括领导的亲笔信、当众认可以及鼓舞士气的庆功会，但"许多人在这方面还做得不够好"。

## 先倾听，后行动

纳尔逊认为，好的经理会与员工定期接触。这样做的一个目的就是促进相互了解。了解员工为什么为你而不是为别人工作,以及他们对工作的好恶;发现他们的兴趣嗜好以及希望提高哪方面的技能。身为一家商店的经理,你也许发现某位员工偏爱陈列商品,如果你让她负责这项工作,会激发她的工作热情。与员工定期接触,还有另外一个目的:了解员工的能力。斯蒂文·鲍曼(Steve Bauman)是万豪国际集团(Marriott International)的副总裁,负责开发和管理员工,他说:"千万不要低估员工的知识和技能。只有他们才深谙工作之道。如果一位客房主管就如何更好地协调员工发表意见,你最好洗耳恭听。"

乐于倾听,会使整个公司的面貌大为改观。沙伦·德克尔(Sharon Decker)曾任迪尤克电力公司(Duke Power)的副总裁,主管客户服务,负责管理服务呼叫中心。公司的人力资源部经理麦克尔·兰德勒姆(Michael Landrum)回忆到,德克尔所负责的部门的员工,对她言听计从。德克尔说,她的秘诀就是,根据员工认同感的异同,组成不同的工作小组,并且以员工期望的方式去回报员工。她说:"那时,工作压力很大。"员工都希望有放松的机会,以缓解工作压力。"做些有意思的事,使办公室里的气氛真正活跃起来,比如惊喜午餐、额外的休息时间以及在员工表彰日表演幽默小品等等。"

倾听员工的意见,还能引发管理者的许多奇思妙想。纳尔逊说,某个公司雇用了许多在校大学生。经理得知学生们需要一个安静的学习环境后,就把公司里一间闲置的办公室变成了学习区,学生们觉得自己的意见得到了重视,因此,对公司产生了好感。"公司业务不忙的时候,学生们来此学习。当公司需要时,他们非常乐意来帮忙。"

## 交 叉 培 训

交叉培训可以鼓励员工是不言自明的事。多数员工在学到新知识后,会受到很大鼓舞。例如,Chick-fil-A 的经理克拉克就力图让所有员工接触到餐厅内的每个工作岗位。"今天,这个员工可能在收银台收款,明天,他也许就在做三明治。"对员工来讲,这样做不仅使工作更有情趣,而且,还可以使员工在公司业务繁忙时,能够互相帮助。

## 以 身 作 则

1999 年 5－6 月份的《哈佛商业评论》(*Harvard Business Review*)中发表了一篇文章,讲述的是美国海军陆战队(U. S. Marine Corps)如何赢得前线士兵军心的成功案例。虽然雇用了一批年纪轻轻、毫无技能,又不时招惹是非的年轻士兵,而海军陆战队在"赢取前线士兵的军心方面,胜过任何一家公司"。成功的关键在于领导以身作则。文章的作者之一贾森·桑塔马瑞亚(Jason Santamaria),曾是美国海军陆战队的一名军官,现任麦肯锡咨询公司(McKinsey & Co.)的商业分析家。他回忆说:"我们最关心的是部队中的普通士兵。军官们从来都是在士兵用餐之后才去用餐。"桑塔马瑞亚估计,当时,他大概有50%～90%的时间都是在与下属一起工作。

领导的表率作用还包括身先士卒。西南航空公司(Southwest Airlines)的CEO赫布·凯莱赫（Herb Kelleher）之所以在公司有良好的口碑,是因为他亲自到登机口和托运行李处等一线岗位工作。1987年,鲍曼第一次接触万豪集团。他当时作为一名部队军官,被派到万豪酒店去监督管理工作。他回忆道:"这家酒店的经理的穿戴无可挑剔,但当他看到地上有一点点碎屑,就会拾起来装进口袋里。"

与美国海军陆战队一样,万豪国际集团也拥有一套意义明确的价值观。然而,如果公司的价值观不甚明确,你该怎么办呢?鲍曼说:"你必须身体力行,用行动明确它。"他又补充道:"这样做并不难,难的是持续不断地去强化这种价值观。你期望员工去追求这些价值观,当员工的行为恰恰体现了这些价值观时,就要认可他们的行为。"

## 2. 得人才,得人心

罗兰·盖瑞

## 2. 得人才，得人心

罗兰·盖瑞

人们早已认识到，任何一家企业都不可能为员工提供"终身工作"，然而，我们却看到，仍然有许多公司为了获取员工的忠诚和努力，向员工许诺一些空洞的回报，如在他们为公司付出一切才能之后，公司将会为他们提供进一步提高技能的机会。许多员工的反应就是在其可控制的工作范围内消极怠工。

从个人的角度看，这种反应是失望和情绪的宣泄，而对公司而言，这种反应却是致命的。约翰·科特教授（John Kotter），曾在哈佛商学院任教授，专门研究松下幸之助（Matsushita）的领导艺术。他发现，只有那些"能使员工在精神和情感上都相信他们所创造的财富丰富了世界的价值"的公司才能在新经济时代生存。然而，现代经济环境瞬息万变，人们对工作忧虑重重，公司能够名正言顺地要求员工全身心地投入到工作中去吗？如果可以，企业需要为此做何努力呢？

## 威胁和强迫收效甚微

理查德·N.诺尔斯(Richard N. Knowles)担任杜邦公司(DuPont)的工厂经理已经13年了,他说:"作为经理,我无法通过威胁和强迫获得你的信任与忠诚,因为信任和忠诚是最珍贵的礼物,只有你心甘情愿,才会送给我。我的工作就是创造条件,让你心甘情愿、全心全意地为公司奉献,使你渴望成为一个全面发展的人,而不仅仅只是一名'工作的'人。"

"威胁和强迫,不可能使员工全身心地投入到工作中去,"科特肯定地说,"畏惧导致行为上的服从,但最终会催生憎恨。"然而,仍然有不少的公司管理者宣称,威胁策略收效甚好。号称扭转乾坤大王的艾尔·邓拉普[①](Al Dunlap)就是这方面最著名的例子。但是,科特提醒说:"这种做法仅在极少的情况下能够发挥作用。如果威胁策略能在短时间内奏效,起到'罚一警百'的积极效果,邓拉普公司可以尽快调整策略,停止这种做法。但是,威胁策略只能削弱员工的创造性。而现今这个时代,很少有公司不需要员工发挥创

---

① 艾尔·邓拉普(Al Dunlap),绰号"链锯艾尔",因在斯科特纸业公司(Scott Paper Co.)任职期间削减了11000个工作岗位而得名。1996年7月任美国阳光公司(SunbeamCorp.)CEO。上任之后,立即进行大规模裁员。因不断收到恐吓信,不得不雇用私人保镖。后因作假账丑闻而离职。——译者注

造力。"

## 薪酬本身不是解决问题的方法

员工付出劳动，就要得到相应合理的报酬，但这并不意味着你必须支付同行业中的最高工资来求得员工的忠诚。担任波士顿贝思—以色列—教会医院（Beth Israel-Deaconess Hospital）人力资源部高级副总裁的劳拉·阿瓦奇安（Laura Avakian）说："了解薪酬福利的基础，更为重要。关键是要让员工认识和了解薪酬的决定过程，并且欢迎他们随时质询。"

## 不要低估信息共享的作用

与员工分享你所掌握的信息，能够更直接地表明你对员工的信任。阿瓦奇安称："这并没有什么神奇之处，只需尽可能让员工多了解一些管理层所掌握的信息，比如，公司的财务状况和商业计划。"这种做法换来的是一种"相互合作的意识和同舟共济的共识"。

阿瓦奇安以前曾工作过的贝思—以色列—教会医院，有这样一项政策：从来不通过解雇员工来削减工作岗位——这项非凡的承诺贯穿了医院的整个发展历程,直到1996年医院与教会医院合并时,依然秉性这项政策。然而,当医院面临着约两千万美元的赤字时,这项政策经历了严峻的考验。医院管理层向员工如实公布了医院所面临的困难,并征求员工的建议和帮助。10天之内,医院就收到了员工提供的约4000条降低成本的建议;医院为此成立了16个工作小组来整理这些建议。其中大部分措施都涉及到严格控制采购,而一些最难以推行的建议,比如,工资暂缓上调和限制累积带薪休假,正是由员工们自己提出的。当年年底,因实行这些措施,医院节约了大量资金,没有解雇一个员工。

## 关注利润以外的价值也许是获得利润的最佳途径

马格丽特·惠特利(Margaret Wheatley)是研究公司新模式的著名专家,她认为:"工作不仅为了挣钱,还有更重要的意义。如果你不肯丰富工作的意义,就无法获得员工的忠诚和创造性。许多管理者仍然没有清醒地认识这一点。""与管理者相比,员工在看待他们的工作时,反而更具全局意识。员工们希望他们的工作更有意义。近些年来,许多公司似乎已经忘记了这一点,而员工们却渴望为世界作出更多贡献。最具讽刺意味的是，如果公司能够考虑到这一点，反而会获得更丰厚的利润。"

　　不同类型的员工需要不同的激励方式。举例来说，科特指出："一些从事办公室事务性工作的员工也许认为自己对于公司无足轻重，从未意识到自己的重要性，而他们也是人，同样具有人的需求，帮助他们在工作中寻求自身价值，可以激发他们对工作前所未有的兴趣和投入。"

## 3. 让工作富有意义

亚当·托布勒

# 3. 让工作富有意义

亚当·托布勒

"难道这就是生活的全部意义？"

听到这句话时，某些人想到的就是佩吉·李（Peggy Lee）①的那首老歌。而对某些人来说，却是触动内心的一句话，出差回来晚了，没能见到孩子，内心无比愧疚；或者最近那次为争夺利益而与同事发生的小争执，让他们感到失去了更重要的东西。现代人加班加点，努力工作，而那些曾支撑前人努力工作的动力对于他们来讲，似乎并不存在。

二三十年前，身为经理，即使工作不称心，或是厌烦了好员工这一角色的束缚，可以把工作和生活划分为不同的空间，借以缓解心中的不满情绪。在工作空间中获取物质回报，在生活空间中，享受家庭生活和为社区服务所带来的回报。虽然是在另一个空间，但至少人们还有可以自由支配的时间，从事那些愉悦身心

---

① 佩吉·李（Peggy Lee）(1920— )，是美国五六十年代著名的爵士女歌手、词作家和演员。文中提到的是她一首主打歌的歌名。——译者注

的、有意义的活动。可是现代人连这样一个空间都没有。所以,他们只能从现有的生活中寻求意义,而生活的大部分时间又都投入到了工作中。

对于上一代人来讲,从工作中寻求意义,简直太荒谬了。而第二次世界大战以后,这些经理和专业人士们越来越没有选择的余地了,只能从工作中寻找意义。根据美国1990年的人口普查资料,美国的劳动力中,有87％的已婚女性和65％的男性处于双职工家庭。而与工业化时代节约劳动力的承诺形成鲜明对比的是,所有这些劳动并未带来更多的闲暇时间。在《时间困扰:工作家庭一锅粥》(*The Time Bind: When Work becomes Home and Home Becomes Work*)一书中,作者阿力·拉塞尔·霍克希尔德(Arlie Russell Hochschild)指出,美国的普通工人每年只有12天的假期,而德国人却有30天假期,瑞典人有27天假期。这表明,人们生活的"社区"正逐渐变成我们工作的公司。而传统观念认为,人们可以把工作和生活区分开来,通过工作满足物质需求,在生活中满足某些内心以及人性的需求,这样,就可以从容地度过一生。这种观念现在已经不合时宜了。人们寻求的是两全其美,在获得工作成就的同时,享受生活。

正如许多描写工作/生活的文学作品中所描述的那样,"鱼和熊掌,实难兼得"。而有些人会建议说,技巧在于找到"适合"自己的工作、适宜的工作环境、充分

认识到工作在生活中的作用。

某些企业家（和某些出版商）告诉人们，寻求工作的意义，一个途径就是避开那些大公司里的枯燥乏味的岗位，到那些"新时代"公司去工作——这些公司声称，自己更为人性化，具有环保意识，而且很开明。这些公司还通过宣传公司文化来推销产品，这样的公司包括缅因州的汤姆斯公司（Tom's of Maine）——生产由天然原料制成的牙膏的公司；美体小铺（The Body Shop）——主营化妆品和美容用品的零售商，其产品原料部分来自于第三世界国家；本·杰瑞斯公司（Ben & Jerry's）——生产高脂冰激淋的公司，其产品以杰瑞·加西亚（Jerry Garcia）这样的反正统文化先锋命名；咖啡店遍及美国各个角落的星巴克公司（Starbucks），公司为兼职员工提供的福利报酬也非常丰厚。

许多这样的公司，在为二战后生育高峰期出生的这一代富裕的美国人提供质优价高的产品的同时，还确实在努力为员工创造条件，让员工的工作变得更有意义。缅因州的汤姆斯公司的创始人暨总裁——汤姆·查普尔（Tom Chappell）邀请著名的神学家到公司的度假村去讲课，并启动了保护雨林的行动计划。然而，这些企业宣扬自己价值观的最终目的是推销本企业的产品。到这些公司工作，就好比搭上公司这艘大船，去推销来自于佛蒙特森林的高价冰激淋，而这并非是每个人寻求工作意义的途径。因此，这种工作方式，并不能令人满意。对于那些期望在更广阔的天地中作出更大贡献的人而言,尤其如此。

纵观历史,最适合工作的地方还是大公司——这些公司往往强调的是利润率之外的核心价值。在《基业长青:企业永续经营的准则》(*Built to Last: Successful Habits of Visionary Companies*)一书中,杰瑞·鲍拉斯(Jerry Porras)和詹姆斯·C. 柯林斯(James C. Collins)按时间顺序,记录了过去50年中取得骄人业绩的18家公司。根据他们得出的结论,沃尔特·迪斯尼公司(Walt Disney)、惠普公司(Hewlett-Packard)、3M公司以及其他公司,之所以能够取得如此辉煌的业绩,是因为他们都推行很强的核心价值。虽然,历经数次产品更新换代和管理层的权力更替,公司依然能够成功地适应这些变化。然而,这些核心价值并非源于对竞争优势的追求,而是来源于其他更令人信服的价值观念,例如,尊重个体(惠普公司)或者创新(3M公司)。鲍拉斯和柯林斯认为,这些价值观念也是衡量员工长期表现的关键因素,向员工提出了一项比单纯追求商业价值更加激动人心的使命。

对于那些一心谋求好工作的人来说,有一点值得引起注意:在鲍拉斯和柯林斯研究的这些公司中,没有一家公司为了推销其产品或吸引雇员,而刻意去宣扬公司的核心价值或使命宣言。这些成功公司,只是踏踏实实地专注于公司业务,以自己的方式进行管理,比

如，比尔·休利特（Bill Hewlett）和大卫·帕卡德（David Packard）管理公司的方式就是，走进公司，与员工接触。管理者的这种做法使得员工非常忠实于公司。而这样的工作环境可以令员工感到工作更有意义，员工也愿意融入公司，成为公司的一部分。

在某种程度上，一个公司的管理者，决定着员工成长和发展的空间以及对工作的满意度。如今，许多优秀的管理者不仅仅关注财务业绩；还注重为员工提供机会，让员工在取得工作业绩之后，感到得到了相应的内在回报，内心因此充满成就感。在一次会议中，有人曾向现任朗讯科技公司（Lucent Technologies）CEO、也曾任卡明斯发动机制造公司（Cummins Engine）CEO的亨利·沙赫特（Henry Schacht）问及他所追求的企业文化。沙赫特回答说，他所推崇的企业文化就是员工能够得到发展的文化。他还阐述了建立这种企业文化的具体步骤。在任卡明斯发动机制造公司CEO期间，沙赫特派遣并鼓励经理们先到各职能部门去体验和培养能力，然后再担负起总体的管理工作。因此，一名高级经理可能经过了人事部、运营部、财务部等几个不同部门的锻炼。这样的经历丰富了一个经理跨部门的专业知识，把部门狭隘主义降到了最低程度。

## 让工作更富意义

既然事实表明,能否从工作中获得满足感,并不取决于公司的规模、公司推销产品或自身的方式,或是公司所推崇的价值观念,所以,立足于本职工作,选择适当的方式,丰富自己工作经验,就显得尤为重要。正如一本名为《随遇而安》(*Wherever You Go，There You Are*)关于冥想的书中所写得那样,位置的改变未必能够对生活起重大的作用。因此,要寻求工作的意义,最现实、最有效的方法就是,在本职工作岗位上,竭尽所能、努力工作。

一个人所追求的目标决定了什么样的工作对他更有意义。不同的个性类型,决定了寻找工作满足感的不同方式。

## 工作的目的是什么?

没错,当然是为了偿还抵押贷款。而除了为满足这些基本的物质需求之外,还有什么样的动力驱使你占用宝贵的时间来公司上班,从事这份职业呢?挣钱只是工作目的之一。人们从事某项工作,取决于个人

能力和动机,而动机和能力不可能用三言两语就能解释得清楚,这两者又具有不可预见性。在《薪酬与激励》(Ultimate Rewards: What Really Motivates People to Achieve )一书中,作者斯蒂文·克尔(Steven Kerr)认为,除了财物和其他外部报酬之外,人们的行为还取决于其内在动力。这些内在动力的性质,因个性类型不同而不同。

判定自己的个性类型,可以帮助你认识自己所追求的价值观。在《为什么工作?激励新的工作队伍》(Why Work? Motivating the New Work Force )一书中,作者迈克尔·马科比(Michael Maccoby)提出,工作中有五种不同的个性类型,每种个性类型认同的价值观也不同。认清自己的个性类型,将有助于你认识激励自己的内在因素,以下就是马科比列举的五种个性类型:

➢ 专家型:倾向于掌握知识技能、控制权和拥有自主权。例如,工匠——追求的是制作水平的精湛。

➢ 助人为乐型:从与他人的联系和帮助他人中获得乐趣,得到激励。例如,公司人——追求的是辅助领导工作。公共机构的义工——追求的是调解纠纷,解决冲突。

➢ 自我保护型:注重自我保护和自尊,并从中受到激励,获得满足。例如,丛林斗士——追求的是力量、自尊和生存。

➢ 创新型：以创造和试验新事物为乐趣。例如,运动员——追求荣誉和竞争。

➢ 自我完善型：力图实现提高技能、享受娱乐、拓展知识以及个性完善等多方面目标的均衡与全面发展。

10年前,马科比曾写道,主流的经理类型大多是"运动员"型——注重短期竞争、交易和"短期成功"。现在,马科比说,如今的经理则属于"自我完善型"——追求个人发展、知识和能力的平衡与全面发展。

如果你属于创新型,你会发现,最能够激励你的是创造和试验,保障型的工作对你来说毫无意义。掌控型的工作最能鼓舞专家型的员工,而强调和谐关系的工作无法激发她的热情。

## 工作是天职吗？

当然,自我分析有其局限性,按类型分析也同样如此。你只是某些类型中的一种。一个相对更大的平台,可能会更有助于找到自己的定位：那就是职业使命。有些人,包括许多令人尊敬的领导人在内,认为他们的工作有种使命感。也有些人使用这个过时的宗教字眼：天职。这个字眼的含义是,你为工作所必须付出

的努力,是他人无法替代的,而且对于社会发展至关重要——这为人们的工作定位提供了一个框架,这个框架也许对当代的知识工人尤为有用。

在畅销书《心灵密码:寻求个性和天职》(*The Soul's Code: In Search of Character and Calling*)中,神学家詹姆斯·希尔曼(James Hillman)说,每个人都拥有一套与众不同的程序,这套程序决定了他们与众不同的人生。如果这种说法过于现代化,具有一种令人不太舒服的宗教宿命色彩,或者干脆像是无稽之谈,那么,看看自然界里有多少事物是沿着预先设定的轨迹孕育发展的呢。希尔曼用橡树籽做了个比喻,橡树籽包含所有的橡树"密码"——只要给它足够的水、适宜的土壤和充足的阳光,橡树籽就能长成橡树。人就像橡树籽,如果植根于错误的土壤,没有充足的阳光或者有太多的水,他们就会放弃像橡树子长成橡树这样的"向上生长"的念头。所以,我们必须自我检查,要"向下生长",以便重新找回我们生命中丢失的使命。

关于如何才能赋予工作更丰富的意义,现在有一种最新的观点。我们现在来讨论一下这种观点。这种观点是由迈克尔·诺瓦克(Michael Novak)和许多公司领导人提出来的。他们认为,工作本身就是一种天职,而且无尚光荣。在《工作是一种天职:工作和饱经考验的生活》(*Business as a Calling: Work and the Examined Life*)一书中,诺瓦克重申了希尔曼等人的观点。他认为,只有"天职"或使命,才能带来内在动力。

诺瓦克本人的生活阐明了他的观点,也证实了这样一个事实:在"使命"看似显而易见的地方,我们很多人却找不到。诺瓦克用了12年多的时间学习怎样当一名神父,在授神职典礼之前五个月,他辞掉了当时的工作。因为他感到工作不是他的"天职"。他的导师、同事、家人和朋友,都认为他失去了理智。但他却非常渴望成为一名作家。从那以后,诺瓦克开始了他丰富多彩的事业。他写作、演讲、出任大使,并因促进宗教事业发展而荣获坦普尔曼奖(Templeton Prize)。他是继亚历山大·索尔仁尼琴(Alexander Solzhenitsyn)和特蕾莎修女(Mother Theresa)之后,这一奖项的又一获得者。

安德鲁·卡内基(Andrew Carnegie),一个穷苦的苏格兰织布工人的儿子,找到了一项不同的使命——首先是找到工作,然后是关注慈善事业。卡内基只接受了四年的正规教育,12岁就开始工作了。到他66岁从美国钢铁公司(U.S. Steel)退休之际,已经是世界上最富有的人之一了。尽管在其职业生涯中,卡内基以采取强硬措施对付罢工工人而闻名,但在退休后,他没有忘记年轻时立下的誓言。他曾发誓说,如果他富有了,要在离开人世之前,把财富都捐给别人。卡内基履行了他的誓言,成为了世界上最伟大的慈善家之一。

星巴克的CEO霍华德·舒尔茨(Howard Schultz)

坚信，他的工作具有更高尚的意义。他一直力图把这种信念融合到其经营公司的方式中去。舒尔茨在纽约市布鲁克林区卡纳西的廉租房住宅区长大，目睹了父亲为那份薪水微薄的工作所付出的艰辛。他曾发誓："如果我能够做到公司高管的职位，一定要体恤员工。"星巴克的竞争优势之一，就是员工的低流动率，这也许就归功于公司的政策——为兼职员工提供全额福利报酬。

## 能让工作与天职相符吗？

这是个时机的问题，而且难以回答。如果你是个专家型的人——那种看重掌控权的人——而且你的使命是要成为一名航空工程师，可你现在是一家家具厂的销售经理，你该怎样对待你现在的工作呢？你不可能一夜之间从文件柜蹦到航天飞机里，你可能连平流层都到不了——天职和梦想之间还是有区别的。但是，随着时间的推移，你可以转换职位，不做销售经理，而转做设计工程师，如果你没有接受过设计方面的专业培训，那就学习系统技术，并运用学到的新知识，从销售领域转到从事更为技术性的工作。

某些企业和行业——甚至是一些非常传统的企业和行业——都鼓励员工轮换工作岗位。那些仍在寻找工作和价值观的和谐统一的人，到卡明斯发动机制造公司这样的公司工作可能会如鱼得水，因为这家公司会先让经理们轮流到不同的专业部门学习锻炼，最后才固定在某个部门工作。

短期内，如果你发现工作与你的能力、价值观念和目标不相符合，试着这么想：所有的工作都是一种服务，尽管这个想法有些老旧。这种谦卑的、似乎有些过时的观念，在为客户服务的浪潮中又再度兴起，使人们意识到，全心全意为客户服务的使命是公司制胜的关键。这些"顿悟"的公司告诉员工说，他们自己就是一个服务单位。另外一些公司领导人用这样的思想启发我们，即使工作有时似乎缺乏意义，事实上，意义的确存在，存在于工作方式之中，而非工作本身。

马丁·路德·金（Martin Luther King）曾经说过，所有的工作都是尊贵的。因此，他建议说："即使是你要去扫大街，也要像贝多芬创作交响曲那样充满激情。"或者，像著名的咖啡零售商星巴克的创始人喜欢说的那样，用心投入。

## 参 考 阅 读

*Built to Last: Successful Habits of Visionary Companies* by Jerry Porras and James C. Collins (1994，HarperCollins)

*Business as a Calling: Work and the Examined Life* by Michael Novak (1996, The Free Press)

*Pour Your Heart Into It: How Starbucks Built A Company One Cup at a Time* by Howard Schultz (1997, Hyperion)

*The Soul's Code: In Search of Character and Calling* by James Hillman (1997, Warner Books)

*Ultimate Rewards: What Really Motivates People to Achieve* by Steven Kerr (1997, Harvard Business School Press)

*Why Work? Motivating the New Work Force* by Michael Maccoby (1995, Miles River Press)

**4. 因势利导，激励员工**

安妮·费尔德

# 4. 因势利导,激励员工

安妮·费尔德

员工的主动积极性对公司的成功至关重要——在今天更是如此,因为现在,企业利润微薄(或者说根本不存在),经济复苏遥遥无期。这些严酷的事实还意味着,经理们不能像以前一样,依靠物质奖励去激励员工了。

那么,该如何使员工保持旺盛的干劲儿和较高的工作效率呢?

一种方法就是利用职业基础。这个概念是在30年前,由斯洛文管理学奖(Sloan Fellows)获得者——麻省理工学院的埃德加·沙因教授(Edgar Schein)首先提出来的。沙因说,员工的动力主要来源于八个职业基础——决定他们如何认识自我和如何看待工作的首要因素。

在当今变化莫测的商业气候下,准确判定员工的职业基础非常重要。有助于实行两项关键性的工作:根据员工个人需求,调整你的交流方式;选择最有效的方式去认可和回报员工取得的成绩,激励员工百尺竿头,更进一步。

这样做所产生的效果是:在如此严峻的经济形势下,公司财力有限,但你依然能够使员工感到深受重视,因而备受鼓舞。

北卡罗莱纳州大学校友职业服务部的经理琳达·康克林(Linda Conklin),曾经做过行政人员的培训师(executive coach),认为:"如果能够有效地利用这些职业基础,就可以使员工发挥出色。"

那么,这八种职业基础是什么呢?

1. 技术/职业能力。以此为职业基础的人,最希望在自己选择的行业中出类拔萃。对此类人来讲,金钱和升迁并不重要,重要的是获得不断磨砺技能的机会。虽然,像工程技术和软件设计之类的行业,吸引了许多有这种倾向的人,然而,你会发现,从为赢得解决投资难题的机会而激动不已的金融分析师,到因不断改进课堂授课效果而欢欣鼓舞的教师,几乎每个行业都有这样的人。

2. 总体管理能力。以此为职业基础的员工,其发展道路与公司传统的职业轨迹最接近。与看重技术/职能能力的员工完全相反,这类人希望学习如何发挥不同方面的职能,学会如何总结综合来源于多种渠道的信息,如何管理日益壮大的员工队伍,以及如何运用其突出的人际交往技巧。此类人迫切需要的是加官晋

级,获得大幅度的升职和加薪。

3. 自主权/独立性。就像电影明星格里塔·嘉宝(Greta Garbo)一样特立独行,以此为职业基础的员工只想独立自主。他们愿意按自己的原则和方法行事;不希望别人指手画脚。他们的目标是自由,而不是声望。

4. 安全感/稳定性。以此为职业基础的员工,最看重的是一个可以看得见未来的环境——在这种环境中,工作的任务和原则都明确清晰。不论其职责大小,都强烈支持公司。

5. 企业家创新精神。这类人希望创造并经营自己的事业。事实上,他们无法抑制创新的需要,一旦受挫,又很容易感到乏味。正如预期的那样,基于此类事业基础的人,倾向于创立自己的公司,或者至少在做本职工作的同时,做些别的事。

6. 服务意识。工作要围绕着一套特定的价值观,这是以服务意识为职业基础的员工考虑的主要内容。然而,这类人不仅包括社会福利工作者、护士,可能包括任何人,可能是积极制定反歧视计划的人力资源专家,或者是研发新药的科研人员。对于这类人而言,赚钱不是主要目的,有机会成就一番事业,才是最主要的。

7. 绝对挑战。以此为职业基础的员工,寻求的是接受和赢得更高的挑战。

8. 个人生活至上。他们最为关注的是,工作是否能给予他们足够的自由度,以便能妥善协调生活和工作。

了解了每项职业基础之后,就可以判定部门内每个员工的职业基础。如果你自己无法独立作出准确判断,最简单的办法就是,让员工接受一项由沙因设计的测评。然后,就可以进行下一步,根据每个员工特定的职业基础,决定相应的交流方式和认可员工工作业绩的方式。以下为相应的方法和准则。

## 技术/职业能力

### 如何与之交流

简·格玛诗(Jan Gamache)是一名行政人员培训师,负责培训高级行政主管和团队的专家。她说:"他们(以技术/职业能力为职业基础的人)希望以其拥有的知识赢得荣誉。"所以,你要把他们奉为专家,并且让别人也要这么做。格玛诗说,一位工程师在其工作领域声名显赫,而公司新任 CEO 没有当众对此表示欣赏。结果,这位工程师士气大落,竟然考虑辞职。

另外,与这类员工交谈时,如果你了解所谈论的领域,可以展示你的知识。但是,如果不了解,切忌不懂装懂,胡编乱造。DBM 公司(一家位于康涅狄格州的新职介绍所)负责 CEO 行政培训部的博比·利特尔(Bobbie Little)说:"他们会立即识破你,对你的尊重也会荡然无存。"

## 最佳认可方式

这类员工可能不太在乎加薪。但是,如果他们感到不能完善他们的专业知识,或担心不能保持领先地位,士气就会受挫。格玛诗说:"这些人最担心的就是'我已经没有优势了'。"所以,凡是有能够磨练技术、使他们与最新发展保持同步的研讨会、会谈以及其他类似的活动和地方,一定要让他们参加。

对于那些以企业家创新精神为职业基础的员工,调动其积极性的最佳方式是,向他们提出任务目标,而不是委以具体任务。你越是让他们绞尽脑汁,他们越是兴奋。

# 管理能力

## 如何与之交流

这类员工也许是最容易沟通的，因为他们人际交往能力很强。他们懂得如何游说，是出色的政治家，能够理会言语或非言语的暗示。不过，在某些情况下，他们也可能是最难以取悦的人。

因为他们的兴趣所在是如何使自己的工作表现与公司融为一体，而非单纯的锻炼他们的专业技能。在与他们进行交流时，一定要以工作表现和工作业绩为核心。征求他们关于管理工作的意见。这样会让他们觉得自己的管理能力得到了发挥。

## 最佳认可方式

这类员工非常希望能够升职加薪。既然你无法满足他们这方面的愿望，就需要另寻他法，丰富他们的工作内涵。例如，让他们负责管理大型的项目，或者，邀请他们参加公司重要会议，派他们参加各种研讨会、论坛等专业会议，让他们能通过这些会议提高能力。还

有，可以考虑给他们冠以更高的头衔。

另外，找出他们工作的次要基础。康克林以最近结识的一位大型医疗服务机构的销售代表为例，对此进行了进一步说明。虽然这位销售代表是以管理能力为基础的员工，但他也表现出以生活方式为基础的员工的一些特点。因为无法为他加薪，公司领导采用了其他奖励形式，给他机会，让他负责销售培训。最终的结果是，他出差的日子大大减少，因此有更多的时间陪伴家人。

## 自主权/独立性

### 如何与之交流

此类员工希望独立自主，所以，对他们命令越少，效果越好。事先与他们确定好汇报工作的时间安排，并且严格遵守时间表。但要做好心理准备，即使是在约定的时间，也可能看不到他们的踪影。

例如，利特尔管理着许多独立性较强的员工，她常常觉得很难确定全体会议的时间。她说："一般至少会有一、两名员工不能出席，这并非是他们没有责任感，而是他们考虑的侧重点不同。"

### 最佳认可方式

在现今恶劣的经济环境下,你可能觉得有必要更多地介入他们的工作。一定要摒弃这种想法。巴里·米勒(Barry Miller)认为,你给予他们最有效的认可就是,给他们展示个人才能的机会。巴里·米勒是纽约市佩斯大学卢宾商学院的管理部主任,同时也教授公司管理学。

## 安全感/稳定性

### 如何与之交流

现今,以安全感/稳定性为职业基础的员工,需要尽早并且时常从你那里得到信息。也就是说,要经常与他们见面。这样,他们就不会忐忑不安了。尤其是裁员的谣传四起时,即使你不了解真实情况,也要与他们保持沟通。即使后来什么也没有发生,也要再次与之沟通。

除此之外,要特别注意让他们认识到终身学习、与时代保持同步的重要性。如果你不敦促他们,他们是

不会采取行动的。

**最佳认可方式**

你未必能够给与他们想要的——稳定的工作。但是，你可以最大限度地利用他们对公司的忠诚，并且采取行动，以示感谢。比如，邀请他们共进午餐，或者组织部门员工野餐。

# 企业家创新精神

**如何与之交流**

鼓励他们不断提出新想法，不管这种想法最初听起来有多么荒诞不经。经常询问他们愿意接受什么样的工作，定期举行工作讨论会。这类员工热情奔放，所以，你也要保持这种积极向上的品质。给他们制定目标，向他们提出挑战，不要给他们明确的任务，放手让他们自己干。你越是让他们绞尽脑汁去领会你的意图，他们越是兴奋。这类员工还比较以自我为中心。他们也想要高薪，但不是为了自己，而是作为一项外在指标，来证明自己成就的是一番大事业。如果无法支付其高薪，可以让公众认可他们，还可以赋予他们最渴望得到的——不断创新的机会。企业家们对受人冷落极其敏感，不善于接受批评。因此，应该表扬的时候，要当众对其大加赞赏。如果必须要批评他们，则要私下进行。

# 服务意识

### 如何与之交流

不要只关注工作本身。关注这类员工最看重工作的哪个方面。让他们做与其兴趣领域相符的工作。阐明工作与某种更崇高的理想之间的联系，使他们懂得，做好本职工作就是为更伟大的事业作出贡献。

### 最佳认可方式

他们最想做的事情是坚持不懈地为他们的事业而奋斗。为他们提供这种机会就是这类员工最需要的。你也许还会发现，员工会用其特有的方式，把自己的价值观融入到工作中去。

北卡洛莱纳州州立大学的康克林讲述了她的助理

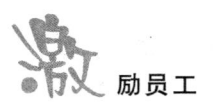

的例子。最近，康克林交给她的助理一个项目——为学生们组织研讨会，讨论如何着装才能有助于成功。因这位助理十分关注少数民族问题，她就努力组建了一支由不同身高、不同形体和不同肤色的模特组成的模特队。康克林计划交给这位助理一些其他项目，这样，可以丰富她自己独有的价值系统。

## 绝 对 挑 战

### 如何与之交流

这类员工倾向于对抗，对于面临的挑战以及如何应对挑战，经常表现出急迫感。因此，"要时刻准备接受他们的挑战。"DBM公司的利特尔说。必要时，要坚持让他们给出更多解释，并且确保那个特定的解决方法正确无误。

你可以不断提高成功的标准，他们会努力达到要求。不要让他们的工作过于简单易行。

### 最佳认可方式

如果你不断向他们提出挑战，他们会知道自己干得不错。你看到他们某项工作接近尾声时,立即给他们安排另一项工作。一天当中,给他们一些时间去完成日常工作以外某项具有挑战性的任务。

对于这类员工来讲,挑战即是奖赏。所以,无须太多溢美之词。只要给他们安排一项具有挑战性的工作就好了。

# 生 活 方 式

### 如何与之交流

你必须直截了当,直达主题。探讨员工需要讨论的内容,以及如何灵活安排工作,才能迎合他的要求。确保工作要求清楚明确,而且,工作干得好,要有奖励,反之,则要处罚。

这类员工工作是为了生存,而生活不是为了工作。因此,不要期望他们会超越工作的基本要求或职责。一定要把对他们的要求摆在桌面上。

### 最佳认可方式

对这类员工最有效的奖励方式是灵活的工作时

间。因为他们不希望做超越工作的基本要求以外的事，他们也不期望得到薪水以外的额外奖励。如果他们工作表现好，尽量给他们最大限度的休息时间。让他们集中精力，完成工作，不要规定工作的时间范围，用工作之外的闲暇时间作为奖励。

## 寻求员工的投入

最后，需要促使员工与你一起共同努力。康克林说："员工们要采取主动，就他们最看重的事与经理进行沟通。"

康克林以自己为例，进一步说到，最近，她列举了工作中最想做的30件事，然后，坐下来与老板讨论，并且找到了解决办法。而她首要的职业基础是自主权和独立。现在，她所做的工作并不是当时受聘的工作——组织职业专题研讨会——而是专门从事面对面的咨询工作。

佩斯大学的米勒说："最终的结果是，认为工作意义重大的员工，其工作会更有成效，即使在经济困难的时期，也是如此。"通过判定员工的职业基础，针对他们最关注的事与他们交流，可以帮助员工找到工作的意义，同时，也能够促进你所管理部门的工作效率。

## 5. 寻找富有意义的工作

罗兰·盖瑞

# 5. 寻找富有意义的工作
## 罗兰·盖瑞

不久以前,社会评论家迪奈士·德苏泽(Dinesh D'Souza)写道:"世上大多数人最大的满足感在于,为家人和孩子提供一个遮风避雨的家,使他们衣食无忧。而人们工作的意义,也莫过于此。"然而,最近,他在《繁荣的益处》(The Virtue of Prosperity)一书中又写道,对于大部分人来讲,"为生存而奋斗的状况已经结束了"。

这就引出了一个问题:既然不必为生存而奋斗,那你为什么每天还去上班呢?是因为工作能够为你提供创新和发展的机会,使你能够有效地运用你的能力和影响力,或者锻炼你最注重的技能吗?还是因为你相信,公司所作所为会让社区和社会变得更加美好?或是因为放弃手中的工作会令你茫然若失,不知所措?

德苏泽认为,"价值准则"就是对于生活目的所持的一种信念,是世界固有的道德体系的一个组成部分。在这个新千年中,为亲人的幸福而工作,是否足以达到德苏泽所谓的"价值准则"呢？公司的突出业绩是否令你感到自豪和满足？9·11恐怖袭击是否改变了你对生活的看法？生活还要继续，但是，生命的短暂和脆弱，是否让你对如何增加生命的价值有了更高的标准？

这些问题远远超出了获得工作和生活的最佳平衡这个问题，并触及到工作本身的意义和目标。在这个关键时刻，这些问题似乎更为迫切；人们不可能再像以前一样，简单地把这些问题搁置起来。就这些问题而言，德苏泽的这本书和另外两本书——查尔斯·汉迪（Charles Handy）所著的《大象与跳蚤》(*The Elephant and the Flea*)以及罗伯特·瑞奇（Robert B. Reich）所著的《成功的未来》(*The Future of Success*)——为此提出了宝贵的建议。这三本书中，深入分析了在重新塑造个人的社会角色和社会责任过程中，经济模式所起的广泛作用，并指导企业和个人如何去适应这种变化。

## 你过着跳蚤般的生活吗？

汉迪记起很多年前，他们婚后不久，他妻子问他："你为你的工作而感到自豪吗？"他回答说："还好吧，只是工作而已。""她盯着我，严肃地说：'我可不想与一个只准备混日子的人共度一生。'"

在过去的几年中，经济发展虽然取得了巨大成就，但也产生了一些负面影响。在这种情况下，人们已不再满足于一份维持日常开销和子女教育的工作。汉迪写道，这种躁动已经出现，许多公司开始担心"公司外的生活对那些自由独立的人来说，正变得更具吸引力，使得公司可能会失去他们最好、最有创造力的员工。"因此，公司现在所面临的挑战是，既要满足员工寻找富有意义的工作的需求，又要在竞争中生存，还要赚取利润——这三者缺一不可。

各公司请注意：汉迪认为，将来改变职场的会是50岁左右的这一代，而不是Ｘ一代。

对于干什么样的工作才不是混日子这个问题，汉迪并非要为此提供一个绝对的答案。相反，他建议员工从公司归属感这方面去选择：你是想成为大象（大的公司）的员工，还是做大象身上的一个跳蚤（自由职业者）？他写道："工作在急速改变。'符合受雇条件'代表'像独立自主者那样思考'。""'灵活性'意味着没有人能为你提供长久的保障。现在，忠诚，首先是对自己和自己的未来忠诚，然后是对自己的团队和从事的事业忠诚，最后，才轮到对公司忠诚。"

个体或公司能够改变目前的资本主义经济模式，

使之立刻变得更加健康,而且更具人情味儿吗?汉迪认为,如果这种变革能够实现的话,那么,个人将是变化的主体。他说:"我们每个人都拥有自己的知识产权,而且会越来越懂得更好地保护和利用它。"因此,对于很多人来说,做个自由职业者,像跳蚤一样生活,变得越来越有可能性。当然,仅就现在的情况来看,做自由职业者还是不太现实的想法。经济衰退的时期,很少有人愿意放弃公司提供的相对稳定的薪金、医疗和养老计划。但是,公司这头大象最好还是保持警惕:在汉迪看来,将来改变职场的会是50岁左右的这一代,而不是X一代[①]。

汉迪说,随着人们年龄的增长,这种跳蚤式的生活会越来越有吸引力。"许多人在20岁出头的时候,在小的或刚成立的公司里锻炼。结婚、生子、贷款置业以后,则选择到大公司工作。在公司工作了20年后,他们就感到厌烦了。"在"正式的工作"结束时(大约在50岁左右),大多数人还要继续工作。有些人离开商界,选择从事教学和咨询工作,但也有许多人继续快乐地工作,用更高的薪水换取更大的工作灵活性。公司即使处在发展阶段,也必须保持一种有亲和力的、具有企业家精神的环境,使得那些跳蚤式的员工愿意归属于公司。只有吸引这类经验丰富的人才,公司才有希望

---

① 出生于1965~1979年间的一代人被冠以X一代的称号。——译者注

变得更有竞争力。

"资本主义通晓创造财富的手段，却不清楚创造财富的最终目的，为什么人要创造财富或者应该用来做什么。"汉迪这样写道。要想成为一个成功的跳蚤，你必须给自己制定明确的目标——对于很多人来说，只有随着年龄和阅历的增长，目标才会日渐清晰。汉迪说："一定要知道你要用一生成就什么事业，你要用心，要有动力，因为个人单独的冒险行动可能会失败，在跳蚤式生活的头 10 年里，我一直在四处奔忙。"如果没有内在的激情，他永远不可能锲而不舍地坚持到今天。

## 重塑价值准则

德苏泽对资本主义的看法，比汉迪的观点要乐观些。他这样写道："从贫穷到富有的过程，代表着某种道德方面的进步。"这是一件使个人和社会都受益的好事，人们不仅因此有机会按道德标准行事，而且可以去帮助他人。归功于资本主义制度，现在，数以百万计的人都可以问："'我今后想要做什么？我生活的意义是什么？'而在过去任何一种社会形态中，只有少数人才能够问这样的问题。""在资本主义制度中，人们有权利问这些问题，以及资本主义制度本身，就是道德进步的一个伟大成就。"

尽管如此,德苏泽也承认,"资本主义的成果是有代价的。"人们越来越感觉到疑惑,除了舒适的物质享受之外,生活就没有别的目标和标准了吗?但是,由于"建立在互助合作基础上的社会已被建立在商业基础上的社会所取代",这些生活的其他要素究竟是什么,在许多人眼中,已无迹可循。德苏泽写道,回顾过去,就会发现前人对美好生活的另外一些诠释,"这些看法认真严肃,并且经过深思熟虑"。例如,"终生献身于教育事业的、投身于政治运动的,以及终生致力于服务他人的人"。而今,这些看法"不可能像过去那样被大力提倡,成为整个社会的信念或蓝图,但是,它们可以为个人提供认识和理解生活的价值准则"。

归功于资本主义制度,今天,数以百万计的人们都可以问这样一个问题——我生活的目的是什么?而过去,只有少数特权阶层才有权这样问。

## 寻求共同的解决之道

曾任美国劳工部秘书的瑞奇认为,仅仅在个人层次上实现生活价值观的返璞归真是不够的——他相

信，整个社会的价值准则都可以得以恢复。到底是什么在阻碍着这种更广大范围内的价值观复苏呢？他认为，这不是因为"企业变得铁石心肠，老板们变得愈发冷酷无情"。不要把这归罪于"现在似乎普遍存在的贪婪的道德观念"。其实，这也归结到你我这样的普通人。人们投资时，追求最高的回报；而在购买商品和服务时，却希望付最低的价钱——我们和其他消费者一样，在不知不觉中给企业施加了极大的压力，使得企业不得不削减员工工资和福利，"压低供应商的价格，结果导致供应商必须以降低成本来保持竞争力"。随着"压力的增大，公司之间的联系也变得松懈了"。

瑞奇这样分析，人们现在所谈论的话题——包括"新经济带来的奇迹"、"不加限制的资本主义制度带来的危险和破坏"，以及"现在难以协调的工作和生活"——这些问题必须要结合在一起解决。只有这样，才能找到一种万全之策。

例如，可以使员工的福利随其工作的变动而转移。可以创立一种社区保险，如果一个地区在某一年中，比如说，损失了5%的经济收入，这种保险"会自动拨出资金，帮助这个地区平稳渡过这段困难时期"。瑞奇甚至建议，为每个年满十八岁的美国公民提供"一笔，比如说价值六万美元的财政'储备金'"。

但是，所有这三本书的论证，都基于这样一个事实：工作的价值和意义是什么？这个问题不适合物质匮乏的情况。经济发展使得人们有条件考虑更高层次的问题。该如何度过经济困难以及繁荣时期,是选择单独解决还是共同解决这些问题,这两个问题足够人们思考整个新世纪了。

## 参 考 阅 读

*The Elephant and the Flea: Reflections of a Reluctant Capitalist* by Charles Handy (2002, Harvard Business School Press)

*The Future of Success* by Robert B. Reich (2001, Alfred A. Knopf)

*The Virtue of Prosperity: Finding Values in an Age of Techno-Affluence* by Dinesh D'Souza (2000, Simon & Schuster)

## 第二部分 强化个人品质

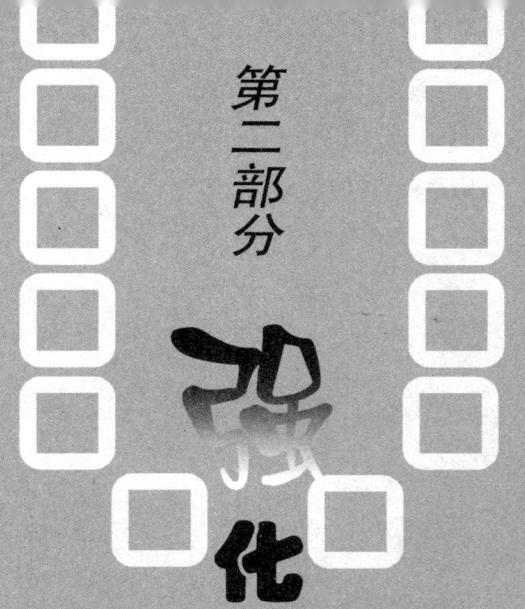

员工受到激励,会表现出一系列与众不同的个人品质:他们既乐观又现实,工作有理有节,以工作为荣,能够与管理者建立一种相互信任的关系,并且会采取措施预防工作过度劳累。你也可以通过努力,培养和强化你的团队成员身上这些品质。例如,充分信任员工的技术和决策能力,信守承诺,与员工共享信息,这些做法可以赢得员工的信任。向员工阐明其工作对公司业绩的影响,逐步培养员工的自豪感。优秀的员工通常会为工作"鞠躬尽瘁,死而后已",因此,不要试图给优秀员工加大工作负荷。

# 1. 积极乐观，脚踏实地

罗兰·盖瑞

# 1. 积极乐观,脚踏实地

## 罗兰·盖瑞

1999年至2003年中期,约翰·皮尔斯(John Pierce)一直担任美林公司(Merrill Lynch)费城证券经纪行的总经理。他说,对于金融投资顾问来说,"这四年是他们职业生涯中最黑暗的时期"。这是因为,在这四年期间,不仅市场出现了前所未有的疲软,而且,相继爆出的公司治理丑闻,也使得金融投资企业的信誉受到严重损害。而业内的一些金融分析师,为帮助公司赢得客户而蓄意夸大公司业绩的行为,也招致众怒,进而使得这种混乱局面雪上加霜。

尽管如此,皮尔斯说,公司里最佳的投资经纪人因天性乐观,"对于所有坏消息和令人沮丧的股票指数,都视而不见,充耳不闻。因此,这种乐观主义就显得比较盲目。"一些投资经纪人坚信,乌云终会散去,在此期间,他们也无力扭转乾坤。"纳斯达克股票价值的飙升即将结束,而公司许多客户对此的反应却相对滞后,投资经纪人在劝说客户改变投资组合或者更换投资顾问时,本来可以更加积极努力。而当时,他们的表现并非如此。"

皮尔斯意识到,经纪人的这种盲目乐观,并不能产生最佳效果。于是,针对经纪人这种一孔之见,对他们进行了培训,帮助他们认清局势,以便使他们作出更加明智的决策。培训的主要内容是,指导他们如何从多方面分析导致目前这种境况的原因,找出相关依据,再判断哪些问题是最迫切的,然后,针对这些问题的根源,制定解决问题的策略。

当然,乐观主义对于促使员工出色表现至关重要——它可以促使员工相互交流,提高创造力;这种乐观主义,还可以感染和带动同事接受挑战,为某个项目全力以赴;并且,在公司财政紧缩时,仍然使员工能够坚持不懈地努力工作。然而,只有植根于现实中的才是真正的乐观主义。正如皮尔斯的团队所证明的那样,可以通过自我调节乐观主义以及悲观主义倾向,提高解决问题的能力。最有效的方法就是,培养随机应变的能力,在定势思考问题的同时,要兼具应变性和灵活性。随机应变是一种内在品质的外在表现:随着这种品质的加强,在进行战略计划和风险评估等商业活动时,就会变得勇于面对困难和挫折。培养这种品质的关键是,要深入理解信念是如何影响情感和行为的。

只有植根于现实的才是真正的乐观主义。

## 乐观之外的品质

众所周知,乐观主义可以激发创造力,培养锲而不舍的精神。辛西娅·斯沃(Cynthia Swall)在斯普林特公司(Sprint)下属的卓越大学(University of Excellence)担任行政人员培训师。她认为,作为一名经理,如果仅仅培养员工积极向上的态度,而不帮助他们掌握独立解决问题的技能,你就不得不越俎代庖,时刻提醒他们要从不同角度分析问题,寻找解决问题的方法。她说:"我们希望员工具有这样一种品质:既能够独立解决具体问题,又能够适应不断的变化的环境。员工具备的积极进取和乐观主义品质本身并不能达到这个目的。"

那么,除此之外,另外一种不可或缺的重要品质是什么呢？是对现实清醒的认识。吉姆·柯林斯(Jim Collins),是一位著名的管理学作家。他有一部名为《从优秀到卓越》(Good to Great)的著作。在该书中,他把心理学中的二元论,称作斯托克代尔矛盾论(Stockdale Paradox)。在解释这一论点时,他强调了认清现实的重要性。斯托克代尔矛盾论,以美国的五星上将吉姆·斯托克代尔(Jim Stockdale)命名。斯托克代尔是越南战争期间,被关押在河内战俘营中的美军最高将领,这个战俘营被战俘们戏称为"河内的希尔顿饭店"(Hanoi Hilton)。根据这个矛盾论,虽然一个人面对着严酷的事实,仍然坚信自己最终会成功。战俘中的乐天派,对事物有着不同的分析方法。这种乐观的分析方法,使他们坚信,他们很快会被释放。但是,现实却总是背道而驰。最终,这些战俘因失望而精神崩溃。

马丁·塞利格曼(Martin Seligman)是费城大学的心理学教授,最近他出版了一本新书,名为《真实的快乐:利用积极心态,发掘潜能,获得长久满足》(Authentic Happiness: Using the New Positive Psychology to Realize Your Potential for Lasting Fulfillment)。塞利格曼说,每个人看待问题的方式,都与众不同。这些方式因个性、永久性和渗透性的不同而不同。例如,在解释某件事情时,一个乐观主义者,可能从这些角度出发,就是"不怪我"、"不可能总是这样"或"不可能每件事都如此"。

因此,如果上一季度的销售额下滑了20%,对于这类负面的事件,一位天性乐观的销售经理会认为,这并不是自己的错误——他会把销售额下滑归结于恶劣的经济大环境,也不认为销售额会持续下滑(不可能总是

这样），也不会觉得这件事会具有渗透性（会影响到他生活的方方面面）。相反，他会找出现成的、具体的理由，比如：销售额下降，是由公司新的定价政策引起的。

所有这些解释问题的方式，都有其不足和曲解之处。比如，那位经理说"那不是我的错"，这种解释使他减轻甚至忽视了自己对此问题所负的责任，他可能会得出这样的结论："销售量下降，并非因为我管理无方或管理不当，只要我继续努力工作，局面会好转的。"适应力培训系统公司（Adaptiv Learning Systems）的总裁兼CEO——迪安·贝克尔（Dean Becker）说，与上面提到的那位乐观的经理相比，一位具有强烈的个人化倾向的经理"却更有可能采取措施，努力去改变这种状况"。

## 教会员工随机应变

贝克尔认为，虽然在日常工作生活中，乐观主义者在很多方面都有别于悲观主义者，但是，一个员工具有乐观主义的态度，并不意味着，他具有处理问题所需的应变能力。这也是适应力培训系统公司侧重培养应变能力的原因。该公司研发部的副总经理——安德鲁·沙代（Andrew Shatté）指出，应变能力包括以下七种因素：

1. 基于现实的乐观主义（只有准确地判别问题根源，才能具备这种素质）

2. 因果分析

3. 自我效能（相信自己有能力解决问题）

4. 共感（换位思考）

5. 情绪调节

6. 冲动控制

7. 外部拓展（能够积极乐观地生活）

沙代和卡伦·莱维奇（Karen Reivich）合著了一本书，名为《随机应变：助你跨越生活中不可避免的障碍的七种必备技能》（The Resilience Factor: Seven Essential Skills for Overcoming Life's Inevitable Obstacles）。他说，要教会员工审视自己看待问题的方式。"我们的任务就是，帮助他们寻找并根除问题的根源时，变得更加灵活。"怎样才能培养这种灵活性呢？首先要认真研究逆境、想法和结果之间的关系。贝克尔说："人们的脑海中都会不时地闪过五花八门的念头或想法，就像欢迎贵宾的彩带一样。这些念头和想法，直接影响到其情感和行为。"身处逆境时，因为缺少信息，无法找到问题的根源，或预见可能出现的后果，人们就会选择自己的方式去解释，或者陷入人们经常碰到的思想误区。（美林公司的投资经纪人的一孔之见，就是思想误区的一个例证；其他的误区包括，自认为了解别人的想法，以及在未弄清全部事实之前妄加判断，等等。）

贝克尔说，当人们身处逆境，"解释问题的方式，强化了各种各样的想法，而这些想法都不甚准确。因此，导致其感受和行为都很难适应现实"。

沙代建议说，停止胡思乱想，找出为什么——导致这种状况的原因，分析下一步——后果是什么——这种境况会产生何种后果。美林公司对员工的培训，就是着重通过启发，提高经纪人的因果分析能力，然后，激发他们追求为什么——这是追根溯源的动力，引导他们站在更高的角度去考虑，可以采取哪些措施来控制局面。这一过程的关键内容包括，让经纪人找出自己当初对问题的解释，然后，训练他们有意识地违背自己解释问题的方式，得出结论——也就是为什么。最后训练他们，利用论据来论证所有的为什么，得出最有说服力的事实根据。

分析下一步——后果是什么的最佳方式是，列举出可能出现的种种后果。以下是一个相关案例：查克·博尔顿（Chuck Bolton）是明尼艾普勒斯市的一名行政人员培训师。他有一位年轻的客户，担任某医疗制品公司的部门经理,老板和同事们都认为这位经理解释问题的方式过于乐观。为了帮助这位经理认识到潜在的问题,博尔顿让他列出目前局势可能导致的所有的负面影响,以及每种影响的可能性。然后,这位经理再补充分析这些影响最可能产生的后果,并且针对这些后果制定解决办法。

## 平衡团队成员解释问题的方式

管理者一项最重要的任务就是,平衡团队里乐观主义和悲观主义的倾向。宾西法尼亚大学的心理学家马丁·希利格曼说:"通常来说,总有一种劳动力最佳配置形式,能够保证公司健康运转。乐观主义者倾向于从事那些需要远见和主动性的工作,比如,销售、策划和营销等工作。而从事金融、安全和风险评估的员工,多是悲观主义者。"作为管理者,要尽你所能,按照员工看待问题的方式,安排相应的工作岗位,有效地利用两种处世方式的优点,发挥其最大效能。根据员工看待问题的方式,可以评价其对拟实施的工作计划的建议。例如,如果团队中一位典型的工作狂,对开发某种新产品持谨慎态度,这就值得特别关注。

对于那些易于轻视逆境影响的乐观型员工,所适用的培训方法，也同样适用于那些对逆境通常作出过激反应的悲观型员工。Adaptiv 公司的贝克尔说，这样做的目的，并不是用一种解释问题的方法代替另外一种，而是增强解释问题的灵活性和准确性。不管你正经历着什么样的思想经历，重要的是要问一问，这种想法能带给我什么？会让我失去什么？他说："如果这种想法让你错失了采取措施的时机，或者在局面无法控制的情况下，做无谓的努力，那你就错过了解决问题的大好时机。"

## 2. 像主人翁那样工作

西奥多·金尼

## 2. 像主人翁那样工作

### 西奥多·金尼

美国通用汽车组装厂，位于特拉华州的威尔明顿。在企业面临困境时，工厂的经理们总喜欢观看一部影片，从中感受激励。这部影片讲述的是1991年发生在通用公司的事件。影片开始，通用公司的一位高级行政人员向工人宣布，组装厂将在三年后被关闭。他说，工人们没有机会上诉，关闭工厂的决定不可能改变。

影片接下来的镜头对准了工厂的总经理。他告诉工人们，也许我们无法挽救工厂，但是，我们可以用行动来证明他们关闭工厂的决定是非常愚蠢和错误的。

工人们正是这么做的。在没有任何回报的情况下，工人们仍然生产出了质量上乘的汽车，经销商开始特别要求订购出自他们工厂的汽车。虽然工人们即将失去工作，可他们却依然努力工作。他们的生产效率之高，为他们赢得了一次生产新车的机会。到了关闭工厂的时间，总部却改变了决定：保留威尔明顿汽车组装厂。威尔明顿汽车组装厂的员工用行动证明了,他们是通用公司如此宝贵的财富,公司不能失去他们。

约翰·卡增巴赫(John Katzenbach)是位于纽约市的卡增巴赫咨询公司的创始人,也是《培育员工自豪感》(Why Pride Matters More Than Money)一书的作者。威尔明顿汽车组装厂的故事使他深受感动。因为,这个故事也正表达了他的感受,他称之为"创建公司的自豪感"。

卡增巴赫说,经济不景气,公司无钱为员工发放奖金,而且员工也担心失去工作。因此,让员工认识到工作的价值,强化员工的工作自豪感,就显得尤为重要。这并非建议公司制造一种员工积极工作的假象,借以掩盖存在的问题。这里所谈的员工自豪感,必须是真正的自豪感。否则,员工会很快觉察出管理者的言不由衷,管理者的努力就会起到适得其反的作用。唐纳德·N. 萨尔(Donald N. Sull)写了一本关于如何使公司起死回生的书,书名为《优秀的承诺》(Revival of the Fittest: Why Good Companies Go Bad and How Great Managers Remake Them)。萨尔在书中也表达了同样的观点。他写道:"成功的管理者必须要言行一致。说一套,做一套,言行不一,后果是灾难性的。"

注重培养员工的自豪感,可以引发一股强大力量,鼓舞和激励员工。卡增巴赫说,自豪感是深藏在人类情感中的内在感受。创造优良产品或提供优质服务,

或是赢得某位同事的尊重，由此而生的自豪感都可以促进员工的职场表现。

对于员工来讲，为某知名公司工作时所产生的优越感和团队认同感，是一种激励力量。而无论做何种工作，都能够出色完成，而且其工作的内在价值得以认可——员工由此而生的自豪感则像一座发电站的发电机，具有更强大的激励力量，因为，这种自豪感直接激发员工的个性和自尊。

## 精 确 无 误

1993年，戴夫·汤普森（Dave Thompson）被任命为德克萨斯州Unocal公司凡镇油田的测量技术员。他的工作是精确记录油田产出的石油和天然气数量。记录石油产出量很容易，而记录测算天然气的产量并非易事。他说："因为石油产量和每个人的工资挂钩，可天然气则不然。"大家似乎对天然气的产量漠不关心。事实上，Unocal公司在北美地区的油田中，只有一个油田曾通过了天然气测量的审计，而且，这已经是在很久以前的事了。

汤普森说："公司每天出售七百万到八百万立方英尺的天然气，我负责记录工作。我想应该认真对待这项工作。"问题是，尽管他负责操作记录天然气产量的测量仪器,但却无权管理油田的石油工人,因为是油田工人直接负责记录仪的全天候运转。

因此,汤普森决定唤起他们的自豪感。他说:"实际上,他们只是不知道如何去做。我所做的就是与他们个别交谈,向他们解释精确记录天然气产量的原因。""他们有时候并不乐意这么做,而我告诉他们应该为自己的工作感到骄傲,这样,他们才愿意去了解这台仪器,掌握仪器各项功能。"

汤普森以开车回家为例,说明精确测量的重要性。如果你正在给汽车加油,油泵停在了五加仑的刻度上。即使油仍然流向你的油箱,你肯定不会只付五加仑的汽油钱,而是要付整箱的,才能开车离开。汤普森说:"这就是说,要做正确的事,我崇尚自豪感和正直这样的品质。"

两年后,公司的审计师在审计完凡镇油田的天然气产量以后,给出了一个相当于"B"的高分。汤普森回忆说:"那简直是爆炸性的消息,为整个油田赢得了荣誉。大家都知道,凡镇油田的员工认真负责,我们为此感到无比自豪。两年后,凡镇油田又获得了公司审计师工作30年以来给出的第一个"A"。

现在,汤普森主管石油生产,一如既往地生活、工作在凡镇油田。他谈到自己和同事们时说:"我们都是蓝领工人,热爱自己的工作,都充满自信,而且很快乐。""我将带领团队里的22名同事努力工作,我们绝

对不会输给行业里的任何人。"

## 采纳并奖励员工的合理建议

里奇·施利赫廷（Rich Schlichting）是 Aetna 公司的一名经理，负责客户反馈和运营。他管理的部门有16位员工，几乎都算得上公司的元老。里奇说：这些员工"拥有"他们所负责的项目，因为，他觉得这些员工能够解决大部分问题，如果他愿意，只要听听员工汇报就可以了。

里奇说："坐在我办公室外面的员工，各个经验丰富。我只需走出办公室，听听大家的意见就可以了。"

### 自豪感的源泉

为西南航空公司或美国海军陆战队这样处于巅峰时期的公司工作，很容易产生自豪感。与行业中的佼佼者联系在一起，人们会感到无比骄傲。但是，如果你所在的公司现状很难激发员工的自豪感，该怎么办呢？

乔恩·卡增巴赫（Jon Katzenbach）说，公司还有许多能够令员工自豪的事情，尝试从如下方面培养员工自豪感：

以公司同事为荣。虽然，微软公司被控垄断，而能够成为被誉为世界上最聪明、最勤劳的员工中的一分子，也足以令微软公司的员工感到骄傲的了。

以公司的文化传承为荣。Aetna 医疗保险公司经历了一段艰难困苦的时期，而员工们依然秉承公司的 150 年传统，帮助客户度过难关。

以提供优质产品和服务为荣。通用汽车公司威尔明顿组装厂面临被关闭，而员工仍然努力工作，提高技能，生产出了质量上乘的汽车，他们为此感到自豪。

以为社区作贡献为荣。经过了 70 余年的开采和生产，Unocal 公司凡镇油田的油气产量逐渐下降，而油田的工人却仍然感到自豪，因为他们为改善家乡的生活面貌作出了贡献。

以赢得上司的尊重为荣。员工为赢得自己敬仰的上司的尊重而努力工作。而经理们也应让员工知道，他们也因拥有这样的员工而倍感自豪，这样，就形成了一个员工与上司之间相互以对方为荣的良性循环。

---

施利赫廷刚工作时，发现团队中存在事实的领导者。"大家总是找那两个人去寻求解决问题的办法。因此，我把注意力集中到这两个人身上——赢得他们的信任，就如何把工作干得更好，征求他们的意见。"

施利赫廷接到好的建议后，就会让员工付之于实践。他说："简单地把某个项目交给员工，已经不能引

发更强烈的自豪感,因为他们已经拥有了这个项目,唯一的目标就是确保这个项目得以顺利完成。"在部门午餐会这样的小型员工奖励仪式上,施利赫廷确保员工的想法得到认可。适当的时候,他还会提名他们参加更高荣誉的评选活动,比如 Aetna 公司的员工认可项目——开路先锋奖。

施利赫廷说:"我知道,有些经理不愿意抽出时间去填张简单的表格,其实,只是填张表而已,不会占用太多时间。"

施利赫廷管理的部门,已有五人获得了公司的银奖——300 美元的奖金,其中两人已前往佛罗里达去角逐金奖,此奖项一共有三个级别,金奖为第二级别。而其中一人还赢取了公司价值 5000 美元的白金奖,奖励他提出的建议,使得自保客户每月可以收到电子版的索赔报告。

施利赫廷说:"那是他的主意,由他负责,他拥有所有权。公司没有资助这个项目,所有的工作都是在部门内完成的,大家都希望能成功,每个人都加班加点,确保项目能够顺利完成。"这种电子报告比给客户邮寄报告快捷多了,把客户收到报告的周期提前了两周,每年可为 Aetna 公司节省 30 万美元。

施利赫廷说:"这些员工是一笔宝贵的财富,我继承了这笔财富。他们以工作为荣,也看到我确实能够倾听并采纳他们的建议,能够认可并奖励那些工作出色的员工。"

## 以公司的业绩为荣

Unocal公司的汤普森和Aetna公司的施利赫廷的事例都表明,经理与员工之间的紧密联系是培养自豪感的重要因素。

里克·萨顿(Rick Sutton)是通用公司的驻厂经理,管理位于萨吉诺和密歇根两地的汽车动力传动系工厂,这两个工厂一共有3000名员工。他认为:"经理与员工之间的关系、相互信任与员工的自豪感密不可分。""我认为,要想培养员工的自豪感,必须要信任员工,要想赢得信任,就要与员工建立和谐的关系。因此,经理们必须要懂得如何和员工打交道。"

但是,如果你管理着上千名员工,他们工作地点和时间都不固定,该怎样和他们建立个人之间的联系呢?萨顿采用的方式是通过录像传递信息。他意识到,录像这种方式不太亲切,所以,他采用了"炉边闲谈这种方式,而且录像未加任何剪辑。录像中,他采用了诸如'这是我们的优势'等许多感谢和颂扬之辞,并且指出了成功之处,然后再谈论如何把精力投入到下一步的工作中去。"

萨顿还利用录像向员工发出邀请。"公司里有140

个团队,我告诉大家,任何一个团队想要和我进一步交流和讨论,我随时欢迎。"员工们对此作出了积极反应,萨顿平均每周都要会见一个团队。

这些面谈使萨顿获得了宝贵的第一手资料。"你坐在办公室里,收到的信息经过层层过滤,已经不能如实地反映工厂里的实际情况了。而与工人们面对面,倾听他们所反映的情况,则大不相同。"而与此同样重要的事,关注员工的需求。"员工可能给你两次机会解决他们的问题,如果你不抓住机会,绝不会有第三次。一旦建立了与员工的联系,而且,他们看到你确实关心重视他们的问题和困难,并且是来帮助他们解决问题的,那么,这个公司将会产生令人惊叹的能量。"

这种方法在萨吉诺的工厂非常奏效。自1999年以来,工人们每年为工厂节约逾2000万美元的成本,使总资本支出低于50万美元。

萨顿说:"上述数字意味着,在企业4亿美元的总成本结构中,工人们可节约8000万美元。如果你真正感受到充满自豪感的员工所展现出的聪明才智以及发挥出的能量,这种成果也就不足为奇了。"

## 3. 信任——如何建立信任、赢得信任以及重建失去的信任

# 3. 信任——如何建立信任、赢得信任以及重建失去的信任

如果公司员工因信任而相互合作，生产会更有效率，那么，信任与有形资产同样重要，同为经济繁荣的决定因素。弗朗西斯·福山（Francis Fukuyama）在《信任》（*Trust*）一书中，这样写道："在一个高度诚信的社会中，企业的组织管理可以更加灵活，工作团队也更为稳固，企业也愿意赋予基层员工更大的责任。"

然而，信任不是货架上的商品，可以任由买卖，也不是管理者仅从理论层面上就能够理解的。NerveWire 公司人力资源部总监——拉塞尔·J.坎帕内拉（Russell J. Companella）曾经说过，如果信任是"新经济的推动者"，那么，管理者必须要从中获取最大价值。

波音公司的副总裁玛丽·阿姆斯特朗（Mary Armstrong）正力图从信任中获取最大价值。她解释说："我们提供服务的方式发生了很大改变，而人们却很难适应这种变化的速度，依然按原来的方式工作。许多人开始变得懈怠——大家都在工作，可是整体的工作效

率却只有30％～40％。"她和巴里·福斯特(Barry Foster)经理都认识到,信任是促进员工出色工作的一个主要推动力。因此,他们把来自于各部门的35名志愿者组成了一个工作小组,启动了一项长达一年的计划,目的是增进公司员工之间的信任。

计划的第一步是,初步了解信任在公司中的作用。工作小组利用组织系统专家米歇尔·瑞纳(Michelle Reina)和丹尼斯·瑞纳(Dennis Reina)开发的信任评估工具,对此进行分析。他们向参与测试的人员,提供48种情况的陈述,让他们判定这些情况与其公司情况的相符程度。这些陈述包括:"如果员工与某个人产生矛盾,他们直接找本人谈"、"管理人员接到建设性的意见反馈,不会强词夺理,而是虚心接受"等类似这样的情况。测试得到的答案被编辑并制成表格,从中总结出了衡量三种信任的标准:

1. 交流信任(或者是信息分享信任),员工愿意分享信息的程度;

2. 契约信任(或是品质信任),员工之间对彼此的正直和信守承诺的品质的信任;

3. 能力信任(或是技能信任),员工之间对彼此能力的尊重和信任。

以上这些因素越明显，表明管理者和员工之间可能拥有更多的信任——瑞纳称之为相互信任。

工作小组的成员自己做完测试后，再给另外一组志愿者做测试。在为这一组做测试时，他们就会有更清楚的认识，应该首先针对哪些方面进行努力。比如说，如果经理们在能力信任方面得了低分，这可能说明管理过细，没有给部门员工足够的工作自主权。

顾问兼作家罗伯特·肖（Robert Shaw）认为，在商业战场中，大家对彼此的信任深藏不露，而且极其善变。虽然商界是信任被提及最多的地方，却是信任最难以得见的地方。你必须要先信任他人，才能赢得他人的信任。如果过于强求，效果会适得其反，容易引起员工之间的猜疑。大家都承认，信任是一个比较敏感的话题，以下是获得信任的一些切实可行的建议。

## 1. 培养对他人的信任

米歇尔·瑞纳指出："要想与他人建立一种信任关系，首要的问题是，你必须信任自己。正确地理解自己对自己的信任关系，会影响你的观念和对理解世界的方式。"如果自认为诚实可靠，值得信赖，也就有信心与陌生人打交道。对于他人的信任，会随着自信的增长而增长。这样就形成了一个良性的循环，因为你自认为值得信赖,你的自信就会影响到他人对你的看法,从而使他人愿意相信你。Diageo公司的CEO保罗·沃尔什(Paul Walsh)用三个字母——API,概括了这种自我实现式的管理理念。API(the Assumption of Positive Intent)是英文良好意图假设的首字母缩略语。"我试图向人们说明,如果某人与他人意见相左,或者,强烈反对他人观点,或者,根本就认为他人是错的,那么,他的这些行为及观点是出于为公司的利益着想,意图是良好的。"你相信自己的动机和能力时,也会肯定别人的出发点。

瑞纳接着说道,人们所具有的信任能力,有着不同的层次和形式。在最简单的信任形式中,信任只是基于一种对他人概括的、主观的认识,缺乏细致的认识和分析。比如,有的人对他人的认识,往往只是一种简单的概括。瑞纳夫妇著有一本名为《职场中的信任与背叛》(Trust & Betrayal in the Workplace)的书。书中提供了一些练习,有助于培养更为细致和具体的信任能力。

比如,试想有这么一位同事,你和他接触不多,对他不甚了解,可你的朋友们都说他不值得信任。下次等你和他打交道的时候,特别观察一下。你过去对他是什么样的态度?你是怎样得出这样的结论的?现在要特别了解一下他,了解他的能力、优势,还有其生活的某些方面。你现在对他又是什么看法呢?你以前的印象属实吗？你的看法是如何改变的？

### 当他人辜负了你的信任时，该如何走出这种阴影？

1. 弄清事情原委。特别要关注，当得知自己被利用和出卖之后的心理感受。
2. 积极地看待挫折。不要急于摆脱负面情绪，要让这些负面情绪全部发泄出来，并以此为判断的标准。
3. 寻求他人的帮助，减轻这种痛苦。
4. 站在更高的角度来看待这种经历：你从中得到了什么教训。这将帮助你变得客观和豁达。
5. 分析一下你本来可以如何处理这种情况，承担起这件事情中你所负的责任。
6. 原谅自己和辜负自己的人。
7. 做好心理准备，如果再次发生类似情况，该怎样做。然后，放下包袱，继续前进。

## 2. 用行动建立信任

行动的第一步，就是信任他人。而他人只有用行动，才能赢得你的信任。肖恩这样写道："我们信任那些值得信任的人。"举例来说,一位新职员在某项重要的项目中,虽然负责一些辅助性工作,但工作非常出色。"他的能力和品质足够赢得信任,可以考虑在下一个重大项目中,让他独立负责某项工作。"丹尼斯·瑞纳说:"但是,在此阶段,还不能够把公司的机密透露给他。"

随着经理们对下属信任度的加强,会赋予员工更大的责任,而下属也乐于接受,甚至主动要求承担更重的担子。向下属提出挑战,以此来表示对他们的信心,并不意味着降低你的要求。PSS国际医疗用品公司(PSS World Medical)的董事长兼CEO——帕特里克·凯利(Patrick Kelly)谈起一件往事,几年前,公司在美国中部地区的业务迅速增长,他提拔了吉姆·博伊德(Jim Boyd),让他负责该地区的业务。而吉姆本人对这次升职却毫无心理准备。吉姆上任后,接连数月,他都没能完成公司下达的业务指标。博伊德当时有些怀疑自己的管理能力,结果出现了决策失误。凯利在坚决要求博伊德完成任务的同时,竭力给予他信任和支持。但是,博伊德还是没有完成任务,凯利就把他调离了那个岗位。

博伊德回忆道,当时,凯利的举动"给了我致命的打击"。而回首当时的情况,博伊德认为,自己没能完成公司交给的任务,当时仅仅为此承担了责任,而没有受到惩罚,体现了公司对自己的信任。也正因如此,博

伊德汲取了深刻的教训,从中学习到许多宝贵的东西。借用肖的话来说,凯利既对博伊德提出了要求,同时表达了对他的关心,又保持了他正直的本色(言行一致)。他没有降低对工作的标准,也没有让博伊德觉得凯利已对他完全丧失了信心,而是重新界定了对博伊德的信任。博伊德的另一个职位,也是负责一项重要的工作——负责向医生推销大型的医疗仪器。此后,PSS公司利用博伊德的工作业绩,专门成立了诊断仪器部门——一个利润高达两亿美元的部门,而博伊德正是这个部门的负责人。

## 3. 正视他人的失信行为

心理学家詹姆斯·希尔曼(James Hillman)认为,一个人只有经历过他人的背信弃义,并努力摆脱其负面影响,才能真正懂得如何去信任。瑞纳夫妇的职场经验证实了这一点。丹尼斯·瑞纳说:"我们遇到过很多CEO,并不信任下属,直到他们碰到了自己人为制造的一些'测验'后,证实了自己的错误,才开始信任别人。有时,我们可以通过某些迹象,可以看出这位CEO曾有过他人失信的经历。"正因如此,他才不会轻易信任他人。

米歇尔·瑞纳这样定义失信——"辜负信任,或令人产生类似感觉的行为"。失信者的意图和行为后果不同,造成的影响也不同。破坏公司数据库,是一种严重的、蓄意破坏性的失信的行为;而上班总是迟到,一般是一种影响轻微的、非蓄意性的失信行为。

而最容易辜负信任的人,往往是你最信任的同事或下属。希尔曼写道:"对你越是忠诚,关系越是密切,失信于你的可能性就越大。"瑞纳补充说,那些看似无关紧要的行为,屡屡发生,因而会引起特别关注。米歇尔·瑞纳说:"这方面最具代表性的例子,就是管理过细。员工会认为,经理管理过细,是对其工作能力的不信任。"

大多数人对失信这种行为都嗤之以鼻,可往往又对此视而不见。瑞纳夫妇就如何处理这种情况给出了如下建议:时刻保持警惕,注意自己内心的变化。

当管理者觉得他人辜负了自己的信任时,他们往往会对自身的能力以及他人的诚信产生怀疑。这样会产生致命的后果:公司的创新能力以及适应变革的能力会因此受到重创。因此,如果职场中有人辜负了你的信任,要尽快走出这个阴影。这不仅对个人至关重要,对于公司的健康发展,更是如此。

# 参考阅读

*Trust: The Social Virtues and the Creation of Prosperity* by Francis Fukuyama (1995, Free Press)

*Trust & Betrayal in the Workplace: Building Effective Relationships in Your Organization* by Dennis S. Reina and Michelle L. Reina (1999, Berrett-Koehler Publishers)

*Trust in the Balance: Building Successful Organizations on Results, Integrity, and Concern* by Robert Bruce Shaw (1997, Jossey-Bass)

## 4. 超管理模式的兴起

罗兰·盖瑞

# 4. 超管理模式的兴起

罗兰·盖瑞

公司自上而下的传统管理模式,似乎扼杀了公司的适应能力、创新能力以及大胆尝试的能力。许多公司对此已感到厌倦,一直在尝试其他的管理模式。现在,一种被称作"超管理模式"的企业管理形式,逐渐引起了人们的关注。这种管理模式的一个显著特点是,能够释放、而不是束缚员工的内在动力。

波士顿咨询集团(Boston Consulting Group)的合伙人之一菲利普·埃文斯(Philip Evans)说,超管理模式是指"一个大型的、自发组织的团体,在这个团体中,尽管参与者没有得到显著的、直接的经济收益,却依然释放出非比寻常的、高涨的精力和对工作的专注"。例如,丰田公司著名的精练供应链,在过去20年里,已经发展成为了一种自发组织的团体。它主要依赖于员工的自愿奉献,这在传统的企业里几乎不可想象。而这种模式的优点在1997年得以印证。1997年,丰田公司的一级供应商之一——Aisin Seiki公司的一个工厂发生了火灾。这个工厂是丰田汽车制造公司压力控制阀门(P-valves)的唯一供应商,而压力控制阀门是汽车刹车系统的关键部件。

因为丰田公司刻意保持低库存量,所以整个供应链很快就中断了。然而,所有的一级供应商决定要利用所有可利用的机械来生产压力控制阀门。每个一级供应商都调动自己的二级供应商,二级供应商再动员三级供应商,环环相扣,好似自我复制,进行生产。没有任何一家公司或员工为付款问题讨价还价。相反,公司间还特别为此成立了专门小组。Aisin Seiki 公司无偿奉献火灾后遗留下来的图纸、原材料和专用机械。其他公司负责"指挥"新的物流程序。火灾发生十天后,60 余家公司生产的阀门数量足以又让整个供应链得以运转。这一切都归功于多家公司的积极行动,而其中只有一家公司隶属于丰田公司。

最著名的超管理模式,也许要算 Linux 项目——开放源代码运动的代表。开放软件源代码运动是指,为自愿修复计算机程序中的故障以及设计新功能者,免费提供程序源代码。埃文斯说,Linux 操作系统已经催生了巨大的经济价值:它为 50% 以上的嵌入式装置提供驱动程序,在服务器操作系统的市场上,比微软公司的 NT 视窗操作系统拥有的份额还大。因为用户是无偿使用这种程序,所以,这种价值并没有在国民生产总值(GNP)中得以显现。

《传统经济战略的崩溃：新资讯经济下的企业转型策略》(*Blown to Bits: How the New Economics of Information Transforms Strategy*)的作者之一——埃文斯说，这种组织的成功案例，"对于许多经济学家所坚持的人的自利性假定，是一种公开挑战"。传统的市场中，主要的交易形式是合同——一个谈判、付款，以及对于不履行合约的行为进行诉讼的系统。此外，信息的不对称——一方拥有信息，而另外一方无从知晓，通常能够使得拥有信息的一方具备讨价还价的能力。

而超管理模式却与此不同。它利用简单明了的规则，增加了信息的透明度和对称性。所有 Linux 程序设计人员，对彼此的工作内容，都一清二楚。这样，可以促进程序员之间的信息共享。在这样的信息共享过程中，参与者在这个团体中建立了很高的声望。回报和声望共同构建了超管理模式中的主要交易基础，即信任。所以，Aisin Seiki 的工厂发生火灾后，丰田公司的供应商挺身而出，解决问题，而不是为了自我保护，协商赔偿事宜。整个供应链，信息高度透明，极为对称，使信任成为交换的首要媒介。供应商信赖丰田公司，认为丰田公司最终会给他们满意的结果（而丰田公司也确实做到了）。

面临注重创新能力和适应能力的挑战，用超管理模式来管理员工，与自上而下的传统管理模式相比，更能激发出员工的活力以及对工作的热情。因为，超管理模式在很大程度上,能够让员工自主选择自己的工作,按自己的进度工作,并且能够从工作本身获得满足感。这种内在动力与相互信任的基础相结合,形成了一个良性循环:在超管理模式中,对员工信任度越高,员工的积极性就越高。

# 5. 优秀员工的困境

詹尼弗·麦克法兰

## 5. 优秀员工的困境
### 詹尼弗·麦克法兰

近期，国际劳工组织做了一项调查，结果表明，每 10 名工人中，就有一名患有不同程度的紧张、焦虑、沮丧或精神崩溃等症状。但这不能完全归结于公司裁员或紧张的工作节奏。员工自身，尤其是优秀员工，通常要为自己的疲惫不堪负上部分责任。令人困惑的是，员工表现越出色，这种恐惧感越强烈，严重到最终会导致精神崩溃。

管理顾问汤姆·德马科（Tom DeMarco）在《别让员工瞎忙》（Slack）一书中写道：谈到崩溃，必须要关注崩溃的前兆，即工作成瘾症，指"当员工强迫性地陷入到某项工作中时，所产生的那种极度的沉醉感和满足感"。南伊利诺伊大学的副教授乔·埃伦·穆尔（Jo Ellen Moore）指出：工作积极的员工，最容易成为工作狂。他们"通常具有很强的自我管理能力，无需监督，他们知道自己应该做什么，并且会主动去做"。这些明星员工通常会"鞠躬尽瘁，死而后已"，因此，经理们倾向于给这些优秀员工增加工作负荷，也就不足为奇了。德马科补充道："严重的、致命的工作成瘾症，以及随之而来的疲惫，会削弱员工的精神力量。"而且，即使"他们会留有余地，也是借以掩饰他们的疲惫不堪，至少试图去掩饰"。

心理学家史蒂文·伯格拉斯（Steven Berglas）在他的《成功人士战胜疲劳的秘密》（*Reclaiming the Fire*）一书中，对这种工作成瘾症进行了进一步分析。他认为，导致优秀员工精神崩溃的原因，在于他们自己的世界观。他们认为，只要能再确定一个项目，或是再达成一笔交易，自己的工作将会更加圆满。然而，随着任务的完成，新的目标不断替代原来的目标，这种预期的心理满足，也几乎从未实现过。成功变成了毒品，促使这些优秀员工，不断去争取新的成功。伯格拉斯解释说："一旦达到某个目标，他们就适应了这种更高的标准，紧张的情绪有所松懈。""而后，当意识到'目标达到，任务完成'时，一种莫名的紧张感又会悄然袭来。现在该干什么呢？只有更高剂量的毒品、更大的成功，才能满足这种预期的心理满足感。"

许多成功人士，在获得成功之后，往往会由于承受巨大的心理压力，而失去创造力，甚至自我摧残，伯格拉斯把这种现象称之为"超新星的毁灭"。这种现象的根源，在于这些成功人士对于成功的认识。伯格拉斯

认为:"他们总有一种危机感,认为目前人们对其个人能力的评价,会影响到他们所享有的物质回报、自尊以及良好的人际关系,而这些东西,却是他们通过以往的努力工作所得到的。""结果,成功之后,面对令人眩目的荣誉,许多雄心勃勃的成功人士,却由于担心失败的风险,而难以采取积极主动的行动。心理学家称之为风险恐惧症。"对于新的挑战的恐惧,有不同的表现形式:或表现为一种"未来焦虑症"("下一步该做什么,才能超越这次成功?"),或表现为一种"企业家精神的蓄意创造行为"(为排遣成功之后的寂寞,而故意制造问题),或表现为一种"自我摧残行为"(故意酗酒或吸毒,为可能出现的失败推卸责任)。

　　伯格拉斯说,治疗因追求成功而导致的风险恐惧症,与其说是重新创造自我,不如说是"重塑完整的自我"。"不要认为,自己的才能仅仅是获取名利的资产。这种观念,只会让你踏上一条虽然能够提高身份但却是烦恼丛生的职业道路。如果不能摒弃这种观念,那么,当在工作中,面临挑战、进行创新或变革时,对于可能产生的后果,就容易产生极端的想法:只能成功,不能失败。这样的想法,对自己的身心健康,对自己的工作,有百害而无一利。"

## 你是一颗即将熄灭的超新星吗？

以下的形容词中，哪些可以用来描述你？

— 一心一意　　　— 持之以恒
— 坚韧不拔　　　— 顽固不化
— 独立自主　　　— 积极热情
— 专心致志　　　— 不知疲倦

斯蒂文·伯格拉斯在他的《成功人士战胜疲劳的秘密》(Reclaiming the Fire) 一书中写道："如果你的年龄在40岁以上，并且，在上面的描述中，至少有四条符合自己的状况，那么，你就是'一颗不折不扣的、即将熄灭的超新星'。"

---

为了避免某种职业的禁锢，最好能够定期更换工作。如果因经济不景气而无法实现，则可以找些时间从事一些能够充实精神的活动。伯格拉斯说："当自我认同感来自于多种回报和满足感时，这种认同感就会变得更加稳定，不易被创新或变革可能带来的失败所影响。"

## 参考阅读

*Reclaiming the Fire* by Dr. Steven Berglas (2001. Random House)

*Slack: Getting Past Burnout, Busywork, and the Myth of Total Efficiency* by Tom DeMarco (2001, Broadway Books)

# 第三部分

## 立足本职工作，着眼公司全局

员工受到鼓舞，释放出的能量和创造力会波及整个公司。工作积极热情的员工，可以感染和带动其他员工，让同事感到工作充实；积极热情的员工，还可以帮助同事增强解决问题的信心，而不是局限于问题本身。这些员工，不仅对自己份内的工作恪尽职守，而且自认为对整个公司的业务流程责无旁贷。他们热衷于"传播"知识——把成功做法推广到全公司，使公司整体受益。要培养员工对公司整体发展的责任感，可以采取以下措施：明确公司的基本目标和工作进展的衡量标准，促使员工抓住机遇、提高现有知识水平，确保员工了解公司各部门（研发部、营销部、客户服务部及财务部等部门）之间是如何协调运转的。

# 1. 与韦恩·贝克探讨如何激励同事

# 1. 与韦恩·贝克探讨如何激励同事

恩·贝克认为，当代职场中，员工的能量及影响力，并不完全决定于其职位高低，而更大程度上取决于员工对其周围同事的影响力。贝克、罗布·克罗斯（Rob Cross）（弗吉尼亚大学麦金太尔商学院副教授）以及安德鲁·帕克（Andrew Parker）（时任IBM公司知识管理研究院副研究员）进行过一项突破性研究。通过该研究，可以衡量长期以来公认的员工之间相互激励，对于员工工作表现的影响。此项研究涉及以下五方面的问题。

## 1. 如何把员工之间的相互激励与员工表现联系起来？

这项研究通过调查问卷的形式，让被调查者对其与公司同事交往的积极和消极效果进行评价，然后把评价结果输入电脑，进行进一步分析，最后，据此绘制出一幅能量图。这幅能量图，可以清晰地显示出公司内，哪些交流有利于员工相互鼓励，而哪些交流对此不利。

然后，再把这幅能量图与被调查者每年的工作表现进行比较。对于被调查者工作表现的评定，均是基于项目成果、客户反馈等客观衡量标准，因此，是客观公平的。比较结果发现，受到某个员工鼓舞激励的人数越多，这名员工本人的工作表现就越出色，反之，则越差。

激励他人的员工，会促进其周围同事的工作表现。其他同事在与其共事时，会发挥更大的创造力，更有可能为了他个人，或为了他所负责的项目而努力工作。

## 2. 什么使激励分子与众不同？

激励分子（能够激励他人的员工）的与众不同之处，表现在以下五个方面。第一，他们关注的是机遇，而不是过去或现在的问题。因此，他们描绘的是一个激动人心的愿景；第二，他们让同事感到充实；第三，在激励他人的同时，他们也从同事身上汲取优点；第四，他们目标明确，达到目标的方法灵活多变，出人意料；第五，他们言行一致，言为心声。激励分子能够使同事

相信,他们的工作目标意义重大,而且,完全可以实现。

## 3. 激励行为等同为积极行为吗?

一个精力充沛或感染力很强的人,能够使他人产生一种强烈的热情——一种被心理学家称之为强烈渴望的情感。而激励行为是让他人意识到自己的重要性。举例来说,某人到你的办公室来找你谈话,你对他热情接待,全神贯注地与其交谈,即使是一个腼腆害羞的人,也会倍受鼓舞。

员工并非因喜欢某位项目负责人,才会被他激励。某个人激励他人的能力,并非其个性使然,而取决于他与人相处时的言谈举止。

## 4. 感染他人的行为会导致团队思维吗?

激励分子不是啦啦队长,或盲目乐观主义者。他只是能在困难中看到机遇。对于某些建议,即使他不同意,也不会完全否决,而是采纳建议中的可取之处。而消极的人,总是看到事物消极的一面,总为失败找借口。

韦恩·贝克认为,消极行为更有可能导致集体思维。虽然消极的人通常拥有宝贵的知识以及对事物不同的看法，但正是因为他们的消极行为，使他们变得孤立无援，而他们的专业知识，亦无法得以展示。相反，积极的员工，更能促进信息（包括不同观点）在公司内的传播。

## 5. 如何把消极分子变为激励分子？

首先，要清醒地认识两者的特征与后果。然后，再进行自我判别诊断。当参与调查的石化公司负责人，看到电脑图表显示出的消极行为对他人的影响时，惊诧不已。无以辩驳的数据，为公司负责人敲响了警钟，促使他们重新审视分析自己的行为，发现管理工作中的不足之处。

在做自我行为分析时，要着重分析自己是如何利用专业知识的。你是否因急于解决问题，或展示自己的知识，而打击了他人的热情？是否倾向于强迫他人按你的思维方式去考虑问题？另外，在与他人产生分歧时，是否是对人不对事？

## 2. 公开账簿管理的启示

约翰·凯斯

## 2. 公开账簿管理的启示

约翰·凯斯

如今,所有公司似乎均赞同,应赋予员工一定的自主权,至少口头上如此。拥有自主权的员工,可以自己安排和管理个人的工作,也可以服务于某个专业团队,甚至还可以灵活掌握自己的工作时间。许多公司已经认识到,赋予员工一定的自主权,会改善员工的工作表现。常言道,"只有干这项工作的人,才最了解这项工作"。

然而,让员工拥有自主权,也可能产生某些问题。比如,员工只关心自己或本团队的业务,对公司的整体业绩却漠不关心。这种情况,轻者,会导致员工目光短浅,只关注自己的业务;重者,会导致相互推诿或相互指责。(例如,"我们已经把产品搬到了楼下,以备装运,但是,他们却没有把产品搬出门去。")拥有自主权的员工,必须学会为公司的整个业务流程负责,而不应仅限于自己所负责的那一小部分业务。

要让拥有自主权的员工负起更大的责任,一种方法就是公开账簿管理。这种管理方式是指，一个公司，有计划、有步骤地向全体员工"公开公司财务状况"，并对员工进行相关财务知识的培训，让员工了解公司高级管理层所掌握的公司状况。公司与员工共享信息，员工会努力用知识武装自己，规范自己的行为，以适应时代需求。20世纪80年代中期以来，许多公司已经认识到，公开账簿管理可以帮助员工更迅速地解决问题，引导员工沿着正确方向前进，加快创新速度，从而增加公司效益。在过去十年中，最早实行公开账簿管理的斯普林菲尔德再制造公司，在竞争激烈的发动机制造业中，依然保持着每年15％的增长速度。医疗器械销售服务公司（PSS），以6亿美元的销售额，位居同业之首。而实行公开账簿管理的唐纳里森印刷厂（R. R. Donnelley & Sons Printing Plants），也跻身于公司最佳业绩部门之列。

公开账簿管理基于以下三种基本思想：

### 只有了解公司状况，员工才会更加努力工作

在实行公开账簿管理的公司中，员工需要学习和了解公司业务的基本目标及其衡量标准，需要理解其本职工作对部门业绩的影响，以及部门业绩对整个公司业绩的影响。虽然，库房工人和客户服务人员不可

能都成为注册会计师，但是，通过培训，可以让他们能够读懂有关预算、预测、盈利与亏损等财务数据报表。而公司正是通过这些财务数据，来度量他们的工作成果。

## 只有了解公司的业务目标及衡量标准，员工才会更有责任感

过去，如果一家工厂的货运量低于预计货运量，或者商店里每位顾客的购买额下降10%，也许只有公司经理才会为此忧心忡忡。而现在，在实行公开账簿管理的公司中，所有员工都能看到这些数字，每个员工都会感到，自己有责任去改善公司业绩。因此，员工就会想方设法，多、快、好、省地完成工作。

## 员工需要分享公司的成功之果

大多数公司中，无论公司业绩好坏，员工的工资始终保持不变。在他们眼中，员工只不过是雇来的帮手而已。而实行公开账簿管理的公司中，员工拥有公司。员工以此为出发点去考虑问题、去工作，而公司也会据此为员工提供相应的薪酬。这些公司通常的做法是，如果公司达到了既定的财务目标，就会支付给员工不菲的奖金，很多这样的公司都有丰厚的员工持股计划。

125

这些原则是管理系统的组成部分，它们之间相辅相成。在医疗器械销售商——PSS公司每个月的例会上，所有部门的员工都能看到公司运营计划与亏损情况——实际销售额与计划销售额的差距。为了帮助他们理解这些财务数字的含义，公司出资，让员工参加根据电视剧《家族战争》(Family Feud)和《危险》(Jeopardy)剧情制作的问答游戏，极大提高了员工参与的乐趣。任何低于计划销售额的数字，都会引发一场群策群力的集体讨论会，讨论员工该如何提高销售额。PSS公司的员工有充足的理由关注这些数字，因为，几乎每个员工都是公司股东。如果部门达到或超过既定目标，同时又达到其他财务目标，部门员工每人将会得到几千美元的奖金。

## 在"封闭"公司里公开账簿

这主意听起来不错。但是，理论与实践之间毕竟是有差距的。这差距是什么呢？如果你是公司CEO或小型公司的老板，完全有权决定是否要公开公司财务信息、实行新的奖金计划，或者任何涉及公开账簿管理的措施。但是，如果你只是大公司里的部门经理，该怎么办呢？你可能无权决定谁能够察看公司的财务信息，甚至连你自己对这些信息都无从知晓。你无法在

一夜之间改变公司的薪酬系统，或者让员工承担起本部门以外的职责。类似这类的变革，需要时间和资源，更何况这还需要上层领导的批准和支持。

然而，这并不意味着，公开账簿管理对这种情况毫无意义。事实上，在一些相对封闭的公司里，某些公开账簿管理的基本原则可以得以实行。而且，实行这些措施后，员工的业绩呈显著增长态势，其效果不亚于公司全体员工全力以赴时所产生的效果。

在一个管理相对封闭的公司里，如何实行公开账簿的措施呢？秘诀在于，汲取公开账簿管理的基本思想。在对任何人都不构成威胁的情况下，试行这种管理方式，然后，逐步公开更多的财务信息。

## 根据需要，提供相关信息

如今，大多数公司都会为员工提供大量信息和数据。客户服务代表都明晰，客户打进电话，平均要等待多长时间；机械操作员可以看到显示不同尺寸以及瑕疵率的图表。走进任何一家工厂或一间办公室，都可以看到业绩公示表或其他各式各样的图表，其中还包括电子图表。比如，索尼展览设备公司圣迭戈分公司的员工，可以在公司的内联网上查询到公司的产量、库存余额及其他相关数据。

有时，这种简单公布数据的形式，仅是提高公司业绩的一个环节。员工以公司标准（或者以自己以往的成绩为标准）衡量自己的工作，并且会希望把工作做得更好。然而，这样的游戏很快就会失去新鲜感。如果不了解这些数字的含义以及重要意义，很难激起员工的热情去改善这些数字。

实行公开账簿管理的公司，不仅仅简单地公布财务数字，而且会让员工了解这些数字所代表的含义及其重要意义。比如，公司某个部门的目标是，在一年之内把收益率提高10%。这项计划需要运输量提高8%，保持毛利率不变的情况下，降低销售和日常行政管理费用。这项计划向每个部门展示了一系列关键数字的含义。突然之间，每周的运输量都被赋予了新的意义，即使像邮资或电话费等这样细小的开销，也都有了新的含义。员工对所有这些数字都很在意，因为，他们都是朝着同一目标努力。

公司可以不公开账簿，而采取其他类似的方法，也可以达到同样目的。例如，让员工了解部门运营的主要目标是什么：是达到一定的生产量，还是一定的销售量？还是在控制预算成本的同时，达到一定客户量？这些目标对公司意义重大，而员工也很容易理解这些目标对于公司的重要意义。不仅要让员工了解本部门的业务进程，而且还要让员工理解部门业务进程对于整个公司业务目标的意义，这样，更能激发员

工的工作热情。更重要的是，将部门工作目标与公司的整体目标联系在一起，会赋予部门目标更重要的意义。

## 召开赛前动员会

如何培养员工对公司整体的责任感呢？斯普林菲尔德再制造公司（SRC）及其他实行公开账簿管理的公司，所采用的方法就是召开赛前动员会。这个体育韵味浓郁的词是 SRC 公司给公开账簿管理所起的绰号，指激烈商战之前的赛前动员会。在斯普林菲尔德公司的一系列赛前动员会上，各个部门都要汇报本部门的年度计划和年度预算。每周或每两周一次，各部门都要开会，根据既定目标总结部门工作。公司也会召开全体会议，收集各部门的业务报告。各部门代表会在公司会议上，汇报本部门的业绩。会后，汇总数据，并分发到各个部门，供员工查看。这样，员工就可以了解到公司整体的业务情况。

SRC 的数据主要是财务数据。但是，要让员工明白，即使公司没有公开财务账簿，他们也能了解公司实现目标的关键业务增长点。例如，公司有多少客户？公司的开支预算是多少？计划运输量完成了多少？如果你的上司对公开账簿有所顾虑的话，你可以用百分比来代替具体的数字。但要确保把整个公司的财务状况包含在内，不要只公开本部门的财务数字。

这种信息的不断反馈，能够在两方面起到积极作用。一方面，这样可以不断提醒员工，他们是公司一员——不仅要关心本部门的利益，更要关注公司整体业绩。另一方面，也是更重要的方面，这样可以敦促员工为部门的业绩负起责任。没有完成任务的部门也会知道，他们辜负了公司的期望。因此，就会加倍努力，预见并避免各种问题的出现。公司赋予部门权力，各部门不仅要自我管理，完成部门任务，而且还要达到公司的要求。

## 与员工共享收益

公开透明的奖金制度，是行之有效的激励方式；对于努力提高业绩的员工而言，则是巨大的回报。这样会使员工明白，自己一年中所取得的进步，应该获得何等奖励。也许，作为一名经理，你还无法立刻建立这样的奖励制度。然而，你可以利用各种方法和技巧，把部门业绩与薪酬计划联系在一起。具体可以参照以下做法：

➢ 规模较大的公司通常都有某种员工持股计划：员工股票期权计划，或者股票购买计划与401(k)员工退

休计划结合①。任何一家公司的股票价值,都部分地取决于公司各部门的业绩。员工对此完全了解。鼓励员工成为公司的股东,这样可以提醒他们,公司的长远发展与个人利益休戚相关。

➤ 还有许多公司实行利润分成计划。这些计划并不直接与部门业绩挂钩,但是,员工很清楚,公司业绩越高,自己的利润分成也就越高。他们也明白,部门业绩好,回报就高;部门业绩差,回报也低。

➤ 自豪感也是某种报酬。对于员工来说,自豪感与金钱同样重要。与公司其他部门相比,你们部门的表现如何?公司与整个行业相比,业绩又如何?实行公开账簿管理的公司,激励员工力争头筹,并且会在记分板上记录员工的表现,展示员工在内部及外部竞争中的表现。

➤ 小小的报酬与丰厚的回报有着异曲同工之妙,同样意义重大。客户服务达标了吗?工厂的运输量是否按计划增长了10%?在某些公司里,员工超额完成任务之后,经理们会请员工吃比萨饼,以示庆祝;有些经理,则用抽奖的形式,赠送两张演出票;而有些公司,会奖励员工每人25美元现金。

---

① 401(k)计划名称源于1978年美国《国内税收法案》401(k)条款。该条款的规定确立了一种雇主发起的养老计划。这项计划允许职工将一部分税前工资存起来投资,到退休之后再行支取。——译者注

## 循序渐进，公开账簿

在公开账簿管理方式被引入公司管理初期，出于自我保护，许多公司的反应都是："我们不能泄露财务数据，因为我们是公开上市的公司。"而实际上，许多实行公开账簿管理的公司都是上市公司，其中也包括PSS公司。公司在分享部门业绩数据的同时，可以限制公开公司综合的财务数据。某些公司对此还是有所顾虑，担心工会借此向公司收取更多的会费。这种担心不无道理。但是，公开账簿管理方式的原则，会使得公司可以和工会合作，共同设计员工奖励计划。

最令公司担心的是——"我们的竞争对手会知道我们的底细"。这种顾虑在某种程度上说明，公开账簿管理需要掌握尺度，是一种平衡技巧。公司中总有一些数据需要保护，不得外泄。实行公开账簿管理的公司发现，公司可以公开的安全信息，比最初认为可以公开的信息要多。而且，这些公司坚信，如果员工对公司的状况一无所知，工作效率也不会提高。在那些实行了公开账簿管理的公司，当看到这种管理颇见成效之后，最初的反对意见也因此烟消云散了。事实上，在公司中推行公开账簿管理，就像棒球比赛中观众席上的人为波浪，最初只是一个部门实行，而后其他部门相继效仿，最后得以普及。

　　想在公司内推行公开账簿管理，可以从本文中提供的方法开始，然后，逐步公开信息。信息的公开度越高，公司业绩越好。要打消人们因不了解而产生的恐惧和疑虑，没有什么比出色的业绩更有说服力了。

## 参 考 阅 读

*The Great Game of Business* by Jack Stack with Bo Burlingham（1994，Doubleday）

"*Open-Book Management: Bulletin*"（monthly newsletter edited by John Case）

*Open-Book Management: The Coming Business Revolution* by John Case（Harvard Business Review，March-April 1997）

*The Power of Open-Book Management* by John P. Schuster, Jill Carpenter, with M. Patricia Kane（1996，John Wiley & Sons）

**3．加布里埃尔·肖尔兰斯基访谈录**——如何在公司内部推广成功经验

*罗兰·凯勒·约翰逊*

# 3. 加布里埃尔·肖尔兰斯基访谈录——如何在公司内部推广成功经验

罗兰·凯勒·约翰逊

假设在你的公司中,甲部门在产品设计方面表现出色。你想把这种成功经验推广到乙部门、丙部门和丁部门。这听起来轻而易举。但是,当你着手这么做时,努力却毫无成效。乙部门的员工无法适应这种做法,丙部门拒绝接受这种做法,虽然丁部门的员工愿意采用,可结果却与甲部门的业绩相去甚远。这种结局令人沮丧。所以,你只好就此罢手。

不要懊恼,遇到类似情况的人,不只你一个。欧洲工商管理学院战略学和管理学副教授,加布里埃尔·肖尔兰斯基——也是《知识粘性:公司里学习新知识的障碍》(*Sticky Knowledge: Barriers to Knowing in the Firm*)一书的作者,指出,尽管大多数公司都进行了大量的"后台演练",但是,在推行成功经验时,依然会遇到重重阻力。因成功做法在公司内不能得以推广,导致部门之间的业绩悬殊,甚至多达两倍,即价值百万美元的差异。公司管理者该怎样减小公司内部先进知识的"黏性",如何平衡部门间的业绩差异,坐收百万利益呢?肖尔兰斯基说,公司管理者必须认识到,在公司内部推广成功经验时,会面临种种非比寻常的挑战。因此,管理者除了要考虑众所周知的员工积极性因素之外,还必须考虑到其他因素,即因"知识源方"担心"教会徒弟,饿死师傅",而不愿意与其他同事分享自己的知识。或者,因"知识受方"拒绝改变,而不愿接受新知识。肖尔兰斯基说,管理者必须关注以下七种知识障碍:

## 知识特性

1. 因果关系的模糊性:究竟是什么因素导致了某个部门成绩斐然,这些因素在其他部门会发挥什么样的作用,这些都尚未完全确定。

2. 知识未得以验证:如果要推广一项最新印证的成功经验,而这些新知识是否适用于新的情况,这一点并未得到证实。

## 知识源方特征

3. 缺乏可信度:公司其他部门的员工并不认为,业绩领先就代表此部门的员工知识渊博或诚实可信。

### 知识受方特征

4. 缺乏吸收新知识的能力：受方员工没有认识到新知识的价值。而且，他们缺乏技巧、语言以及经验，无法更好地把新知识运用到工作中去。

5. 缺乏持之以恒的毅力：员工在工作中运用新学到的知识时，不能做到持之以恒。

6. 制度"贫瘠性"：公司缺少制度和方法，促使员工抓住机遇，提高现有知识水平。

7. 知识源方与受方关系不够"密切"：不同部门员工之间缺乏积极的交流及合作。

## "解放"知识

根据肖尔兰斯基的调查，以上七种障碍中，最难以逾越的障碍有三种：因果关系的模糊性、知识受方缺乏吸收新知识的能力，以及知识源方与受方关系不够"密切"。肖尔兰斯基说，虽然还不能完全解释某个部门业绩不俗的原因，但可以深入探讨一种成功做法为什么会产生如此良好效果。他说："如果一个公司中，某种成功做法在某个部门存在了20年，那就需要了解一下，他们为什么采用这种做法以及他们如何实施这种做法。根据自己对这方面知识的了解，认真考虑'如果在其他部门实行这种做法，将会产生什么样的结果？接受这种做法的部门需要多久才能达到同样的效果？'消除这些障碍需要时间，所以，必须权衡利弊，谨慎从事。"

提高受方吸收新知识的能力，似乎相对容易。肖尔兰斯基曾目睹，许多公司在推广成功经验过程中，全体员工，同心协力，以共同解决"知识粘性"问题。事实上，解决这个问题的关键是，要投资培训员工，确保知识受方掌握吸收新知识的技能，并且拥有技术管理能力。另外，经理需要与员工交流，让员工了解公司传授新知识的目的。最后，受方必须明确实行新做法时，各自所担负的责任，以提高员工吸收新知识的能力。如果培训没有达到预期的效果，肖尔兰斯基说："经理就该雇用能够吸收新知识的新员工。"

谈到知识源方与受方缺乏密切关系这个问题时，肖尔兰斯基建议，可以利用各种方式，或采取各种措施，使员工之间建立密切的关系。他说："员工之间关系密切，会使员工觉得很投入。员工喜欢交流，合作起来会很顺利；而且，工作也会更加有效率，对彼此更负责任。所有这一切，是推广成功之道的基础，因为，双方必须长期交流合作。"

为培养这种密切关系，经理可以放松对员工旅行和通讯交流方面的限制，从中寻找契机，促进关系融洽

的团队之间彼此合作。肖尔兰斯基说:"当惠普公司要把美国公司的成功做法推广到新加坡分公司时,公司安排两国的员工一起接受艰巨的挑战。公司组织两个分公司的员工,一起到落基山脉进行徒步探险旅行。而最难忘的是,双方一起吃墨西哥餐的经历——当两组即将成为同事的员工,大汗淋漓地共同享用辣味十足的墨西哥餐时,彼此的关系很快就变得亲近和融洽。"

## 掌握时机的重要性

肖尔兰斯基还建议经理们,要辨别推广成功经验的四个阶段:

1. 启动阶段:抓住机遇,采取行动,推广新知识。

2. 实施阶段:知识源方与受方相互交流信息及资源。

3. 提高阶段:受方开始借鉴利用学到的新知识,并解决意外问题。

4. 巩固阶段:在日常工作中运用成功之道。

肖尔兰斯基说："在推广新知识的不同的阶段，会遇到不同的知识障碍，而这些障碍可能会成为各个阶段的主要矛盾。例如，在启动阶段，知识源方的可信度、知识的可靠性以及因果关系的模糊性等问题，会比较突出。而在实施阶段、提高阶段及巩固阶段，吸收新知识的能力，更有可能成为结症所在。"不仅要意识到这些知识障碍的存在，同样重要的是："及时着手消除这些知识障碍，越早越好，因为消除知识障碍需要时间。如果搁置太久，日积月累，问题会越积越多，后果严重，公司将要为此付出高昂的代价。"

肖尔兰斯基还针对推广新知识的各个阶段中，所存在的动机障碍，进行了进一步探讨。其研究结果表明，问题相当复杂。尤其是，在提高阶段，如果某个新知识的受方，非常热衷于实施从其他部门借鉴而来的先进经验，反而会导致这一阶段的矛盾加剧，从而阻碍知识的转移和传播。原因何在呢？因为他可能在还没有完全掌握新知识的情况下，拒绝外部帮助；或者，进行一些看似简单的修改，在一些重要项目进行推广；或者，做一些毫无必要的更改，以维护自己的地位和自尊；或者，因盲目热情而在最不恰当的时刻，采用新的做法。肖尔兰斯基写道："所以，新知识受方的积极性，也许在推广成功经验的启动阶段，会发挥积极作用，但是，可能会使实施阶段的问题复杂化。"

## 照搬还是创新？

肖尔兰斯基的研究结果，为管理者提供了几点重要建议。他认为，有一点可以肯定："管理者要求员工学习和利用现有知识所采取的方式，有别于要求员工创造新知识时所采取的方式。在前一种情形中，管理者要求员工照搬成功做法，得到预期效果后，才开始对这些做法加以修正，以解决其中出现的问题。而后一种情形下，经理们会严禁员工原样照搬。这两种原则相互矛盾，因此，作为经理，必须根据具体情况，对员工作出明确要求。"

在不了解一种成功做法为什么能够提高工作业绩的情况下，"必须承认，虽然推广这种经验是为了保持公司的竞争力，但是，我们并不真正理解我们在做什么。因此，在推广和应用成功经验和知识时，我们必须谦虚务实——然而，许多人却过于自信"。此时，原样照搬成功经验，显得尤为重要。肖尔兰斯基解释说："如果推广成功经验之初，就对其加以修改，而后这种做法不适应新的情况，以失败告终，你甚至无法确定失败的原因。要想确定问题的根源，最可能方法就是，原样照搬他人的做法，然后比较新旧两种做法，从中找出失败的原因。从某种程度上讲，这相当于设计一个试验，要尽可能地控制试验条件。"

最后,肖尔兰斯基建议:"对于所借鉴的成功做法,要全面地认识其工作模式,切忌东拼西凑所谓的'精粹',或组合各种不同来源的做法。照搬一套完整工作模式,有利于全面认识和消除大多数知识障碍。这样,各部分之间的相互联系以及相互作用就会一目了然,由此,可以使成功做法的前因后果变得明朗化。"

肖尔兰斯基的研究表明,推广成功经验时所遇到的障碍,远比我们所认识的要复杂。但是,通过理解知识障碍和动机障碍,可以更有效地把成功经验推广到整个公司,更好地管理公司的宝贵资源,以维持竞争优势。

## 4. 你的员工是公司的所有者吗？

## 4. 你的员工是公司的所有者吗?

传统的管理思维,偏重于员工的管理,"导致公司为追随当前最流行的管理模式,花费多达数亿美元的巨资,而公司得到的又是什么呢?"杰克·斯塔克(Jack Stack)及博·柏林厄姆(Bo Burlingham)在其合著的《伟大的商业文化》(A Stake in the Outcome)一书中这样问道。他们的回答是:"这样做换来的却是员工的愤世嫉俗、固执己见、抗拒变革。"

然而,还有另外一种管理模式,可以帮助员工认识到,他们可以发挥才能,塑造自己所期望的公司。斯塔克和柏林厄姆在书中这样写道,在这种管理模式中,员工的利益与公司利益休戚相关,为达到公司目标,员工会自觉控制成本。因为员工的个人目标契合于公司目标,所以,员工能够进行自我管理。下面我们就讨论一下这种顺应时代潮流的管理思想。

斯普林菲尔德再制造公司的总裁及 CEO——斯塔克,是公开账簿管理概念的早期倡导者之一。斯普林菲尔德再制造公司是一家员工持股的公司，主要向汽车生产厂商销售发动机。在《哈佛管理前沿》(*Harvard Management Update*)杂志对斯塔克的采访中，斯塔克着重谈论了这种管理文化的构成。

**请你以一家公司为例，谈谈公司的主人翁文化。**

让我们来看一看美国西南航空公司的管理方式。9·11恐怖袭击之后，西南航空公司的员工积极为公司降低成本献计献策，或捐出公司分红，或把州政府的退税支票转给航空公司。而其他航空公司却大批裁员，员工为此怒气冲天。这些航空公司声称，公司无力支付解雇费，而后又向政府寻求数十亿美元的紧急援助。现在，西南航空公司资产价值约90亿美元，而美国其他所有航空公司的资产，加起来才不过75亿美元。是什么让西南航空公司如此与众不同？原因在于，西南航空公司的员工对公司拥有所有权。

**西南航空公司的员工拥有公司10%的股份，而联合航空公司的员工持有公司55%的股份，可公司却濒临破产。你对此有何看法？**

资产价值本身不足以创造主人翁文化。诚然，部

分问题在于资产价值的人为贬值。资产成为公司招聘员工的诱饵。在过去十年中，85％的财富500强企业的员工手里的期权，都没能兑现成员工的资产。更有甚者，所有权已经变成一种赋权计划。公司贷款给高级管理人员，让他们去购买股票，可当他们无力偿还贷款时，公司却把这笔贷款忘得一干二净，不予追讨。这样会导致这些行政人员即时享受的心态。因为他们不费吹灰之力，就得到了这些资产。这使得许多主管缺乏一种我所称的心理所有权意识。他们既不珍惜所有权的价值，也没有担负起相应的责任。

而员工却从精神上拥有公司，所以，他们几乎无需公司管理。因为他们会自我管理。在一个具有主人翁文化的企业中，公司的各项成本预算都关系到每个员工的利益。同时，所有员工也都了解自己对公司总体业绩的影响。员工认识到，他们同心协力，形成的团体就是公司。制定公司标准和价值观念的是员工自己，而不是坐在公司角落里，编写公司使命以及愿景等豪言壮语的那个家伙。员工履行自己的职责，不仅是因为年底可以得到丰厚的回报，而且，还因为他们关注的是公司的长远利益。

**心理所有权，使员工不仅关注资产，而且还关注企业的发展。**

正如一家公司的主管要对本公司的每样产品和服

务了如指掌一样,你也希望员工全面了解公司,了解公司各部门包括研发部、营销部、客户服务部、以及财务部之间是如何相互合作,成为一个有机整体的。

现在,所有事情都分工细化。如果你是复印机销售商,你的业绩目标可能具体到每周共计需要打多少推销电话,除此之外,还需要再打多少次推销电话,以及要安排多少次工厂考察。但是,这些目标中,没有一项与公司的总体销售计划有关。难道你不认为销售人员的工作业绩与公司的销售收入有关系吗?然而,多数公司却并没有把公司的销售收入与销售人员的职责联系起来。

而且,公司的分工也过于细化。公司要求员工对产品和服务精益求精,但很少有公司要求员工创造一个优秀的公司。公司一味要求员工做好本职工作,没有鼓励员工考虑本职工作之外的事情——如何使整个公司成功。公司并没有充分利用员工更高层次的聪明才智。

## 财务报表的含义

每年,斯普林菲尔德再制造公司都特别关注两项财务数据。这两项财务数据并不符合行业标准。公司如何利用这些数据约束员工的行为呢?让我们以其中

的应收账款周转率（净销售额除以应收账款额）为例来说明此问题。这个比率代表收回应收账款的期限长短。斯普林菲尔德公司的总裁暨 CEO 杰克·斯塔克说："许多员工都认为，管理应收账款是财务部门的事，与己无关。"但是，如果某位员工因为发货数量有误，导致客户验收部门拒收货物，那么，这批货款也会相应延期，直到问题得以解决。"发生这种情况，是因为员工士气低落，或者业务流程混乱，使得公司收回应收账款的周期要比同行业的平均周期长三或四倍。"斯塔克说，"如果公司规模小，应收账款回收周期长，极可能会影响到员工工资的发放。但大多数公司从来没有告诉过那些犯错员工（如那个弄错货物数量的员工），他的错误会导致工资的延误。"

"降低应收账款周转率会减少公司的负债，从而增加净收入。减少利息支出，也可以增加利润。因此，为了使每位员工都关注应收账款的周转率，我们会用节省的部分现金，设立一项特殊的员工奖金计划。这样，员工会很清楚地意识到其工作的重要性。"

"从长远来看，要鼓励员工从市盈率这个角度去考虑问题。你可以为提高市盈率做些什么？不妨这样假设一下，一位投资者正在考虑收购你的公司，而你想消除影响这位投资者决定的所有不利因素。别人会在哪些方面寻找你公司的毛病呢？是员工士气，还是产品质量？公司所有应收款都来自一个行业吗？或许，公司的健康保险支出不符合他的要求。要鼓励员工站在局外人的角度，去解读这些财务数据。"

## 为什么要对员工进行财务知识教育？

在美国，经济认知水平很低。最令人吃惊的是，人们每天去上班、分期付款、刷卡消费、为支付子女的学费和自己的退休费而储蓄，但是，很少有人能够回答这样一个问题："公司运转得良好吗？"这不能完全归咎于员工，因为大多数公司没有让员工接触并了解这方面的信息。

如果员工意识到，他们有机会保障自己和同事的收入，就会有很高的积极性。这也就是我们公司25年来一直都在对于员工进行财务知识培训的原因。这样做的目的，不仅是让他们了解什么是401(k)，而且，还要使他们理解收入倍增和利润空间的含义。因此，我们的员工可以更有效地利用时间和金钱，为自己和家人创造一个稳定的未来。

## 为了使经理们着眼于企业整体的成功，你会采取一些特别措施鼓励他们这么做吗？

选拔经理时，我首先考虑的不是他们的技能水平

——是否懂得机械知识，或者是否是一名优秀的程序员或精明的买手。我们公司的中层经理以及一线的督导人员，必须能够理解并解释资产负债表、损益表、以及资金流动表中的财务数字。因为，这些数字通常传达着一种信息，告诉你哪些地方需要改进，以增加公司的收入。

你也需要公开你的账簿，告诉员工他们在公司中所起的作用。每周，我们的经理会上，都有关于损益表、公司及各部门的现金流动表的讨论。正是通过这种反复学习的过程，员工才逐渐理解了公司是如何获取利润的，他们该怎样做才能保持公司的竞争力。这种认识帮助员工建立信心，使他们相信自己有能力达到目标。

## 参 考 阅 读

A Stake in the Outcome: Building a Culture of Ownership for the Long-Term Success of Your Business by Jack Stack and Bo Burlingham (2002, Doubleday Currency)

# 第四部分

## 留住优秀员工

如果你已经拥有一批积极进取的员工,那么,采取什么措施才能使他们愿意长期为你工作呢?随着人才争夺战愈演愈烈,公司需要制定人才保留战略,以留住优秀员工。如何才能使员工对部门及公司忠心耿耿呢?通常情况下,一个人倾向忠实于他所在的团队。因此,要想赢得员工的忠诚,就要鼓励团队中员工之间相互团结,彼此合作。要留心观察,并及时消除员工的不满情绪。通过"挽留谈心",体察员工的最新动向。在招聘员工时,就考虑到留住人才,挑选与公司价值取向相符的应聘者。并且,要帮助员工认识到他们所做工作的重要意义。

## 1. 人才管理,迫在眉睫

克里斯滕·B. 多纳休

# 1. 人才管理，迫在眉睫

## 克里斯滕·B. 多纳休

最近，麦肯锡公司对大、中型企业中的 13000 名高级经理进行了调查研究，其中三项研究结果令人警醒：

在被调查人群中，仅 3% 的被调查者，认同其公司能够有效促进员工个人发展；

仅 3% 的被调查者，认同其公司能够正确对待业绩不佳的员工；

仅 16% 的被调查者，认同其公司能够依据业绩表现公平地对待员工。

上述调查结果令人很难相信，现在各公司的裁员方式，能够促进公司当前绩效的改善。同时，这一调查结果，也令人担忧企业的未来发展：劳动力市场中的人才供求结构差异所导致的人才争夺战，将在未来的 20

年内持续存在，而人才管理不佳的公司很难在竞争中取得优势。况且，最主要的领导人才库——年龄在45岁以下的劳动力——在未来十年中，将会减少6%。而且，跳槽的频率丝毫没有降低的迹象。而大多数公司依然秉行固有的人才管理方式，IBM公司知识管理学院的执行院长、《社会资本》(In Good Company)一书的作者——劳伦斯·普鲁萨克(Laurence Prusak)，将这种人才管理方式称为"隐秘管理方式"。一个企业如果不能认真对待人才，为其提供发展空间，那么，它就很难留住人才。

麦肯锡公司多伦多分公司的高级职业顾问、《人才争夺战》(The War for Talent)一书的作者之一——海伦·汉德菲尔德·琼斯(Helen Handfield Jones)说："实施有效的人才管理，不能仅仅依靠人力资源部门，高级管理人员需要把人才管理工作纳入自己的日常工作中。"

---

公司对资源管理得越严格，员工为获取资源而耗费的精力就越多。

---

## 按业绩水平划分人才库

汉德菲尔德·琼斯说："仅看总体的员工淘汰率以

及留职率,意义不大。"我们需要关注优秀员工的留职率以及业绩不佳员工的淘汰率。"关键是,要尽最大努力留住优秀员工。同时,对于那些表现差的员工要严格管理,必要时,就允许淘汰。人以群分,表现差的员工会对其他员工产生负面影响。他们既不是好的表率,也非好的教练,更非好的老师。管理这些员工,可以采取不同的措施,可以把他们安排在能够发挥其特长的岗位上,或者干脆解雇他们。"

## 投资于社会资本

普鲁萨克说:"员工之间的团结合作,是人才发挥才能、展现自我的必要条件。员工供职于某家公司,原因在于,他们忠实于公司里的朋友,而非忠实于公司。员工与公司之间的忠实承诺,早已不存在了。员工忠实于自己的团队。因此,要强化这些团队内部的团结合作。"普鲁萨克又补充说,即使在当今这个时代,仍然有可能建立信任。"如果公司员工间的信任度很高,有助于留住那些优秀员工。因为,他们更有信心去进行新的尝试,而这正是员工自我管理的方式。"

## 区别对待自由派和忠诚派

商业媒体常常给人一种错觉，仿佛人人都是自由分子——他们对公司没有归属感，经常随心所欲地变换工作项目。然而，还有大量员工忠实于公司，致力于团队建设，为实现团队目标，甘愿牺牲个人利益。托马斯·H.达文波特（Thomas H. Davenport）是埃森哲公司（Accenture）波士顿战略变革研究所所长，也是《注意力经济》(The Attention Economy)一书的作者之一。托马斯说："我认为，如果大多数公司能够建立一种人力资源系统以及管理方式，能够兼顾这两种类型的员工，公司的业绩将会更好。""我们需要一个双峰驼，一种双轨分配模式"，不仅能够了解忠诚派员工的需求，也能够知晓自由派员工的偏好。他接着说道，如果不得不解雇员工，首先要解雇那些公司归属感不强的员工，也就是那些自由分子。

## 鼓励员工动手、用心工作

哈佛商学院专门研究埃兹尔·布莱恩特·福特（Edsel Bryant Ford）的企业管理学教授——特里萨·M.阿

玛拜尔(Teresa M. Amabile)，把人才的专业技能比喻为"脑"。人才管理不仅管理人才的"脑"，而且还要管理他们的"手"（"把专业知识转化为新技术的能力"）和"心"（工作热情，一个人的内在动力）。脑、手、心是发挥创造力必不可少的条件。公司要创造一种文化氛围，鼓励员工既要用脑、又要动手，还要有热情，尤其要注意以下几点：

> 为员工安排工作，要做到人尽其才。阿玛拜尔建议，"为员工安排职位，既要适合其个人能力，又要具有挑战性，为员工提供足够的发展空间，使员工不断提高技能。"
> 给予员工一定的自由度。使得"员工对自己的工作有某种掌控感"，让员工既能保证工作时间，也有时间追求自己的理想。
> 为员工提供足够的资源。"不错，公司对资源管理越严格，员工的创造力就会越强。但是，员工会把这种创造力发挥在获取更多资源上，而不是发挥在完成公司交给他们的重要任务上。

确保向员工传递正确信号。普鲁萨克说："如果公司只提升那些循规蹈矩的员工，那么，公司将不会赢得具有高度创造力的野鸭型人才。"（IBM公司称那些虽然不守规矩、但极具创造力的员工为野鸭。)

### 社会网络？还是社会达尔文主义？

认识问题的最佳方法是，进行激烈的辩论。哈佛商学院出版社主办了一场专题讨论会，议题是对于优秀管理人才进行精英管理的利与弊。麦肯锡咨询公司的高级职业顾问海伦·汉德菲尔德·琼斯、IBM 公司的知识管理学院的执行院长劳伦斯·普鲁萨克（即下面所称的拉里）以及哈佛商学院企业管理学教授特里萨·M. 阿玛拜尔，就此话题阐述了各自的观点。以下是讨论会的详细内容。

汉德菲尔德·琼斯：让我们看一看某家公司的优秀管理人才的情况：优秀经理人占约 20％，表现最差的经理占约 20％，大部分经理处于这两者之间。在处理表现最差的经理时，公司应该采取更加果断、更加严厉的措施：要么把他们调到他们能够胜任的岗位上，要么干脆请他们另谋高就。采取这种管理方式，不仅是因为他们表现不佳，还因为他们会对其他员工产生负面影响。调查中，有 80％参与调查的经理人表示，曾经在其职业生涯中遇到过绩效低下的上司，并且曾为此想要辞职。因为，这种经理无法让他们学到更多东西，无法作出更大贡献。

普鲁萨克：这种对企业的看法是不现实的。你所支持的是一种精英管理模式，我还没有看到任何一家公司采用这种管理模式。员工一起工作，彼此维护。比如，UPS 公司是一家成功企业，员工流动率很低。我相信，100 年之后，这家公司依然会很成功。因为他们真正关心员工，从来不用这种达尔文主义态度判断员工表现的好与坏。IBM 公司拥有 34 万员工，我敢肯定，员工中既有如诺贝尔奖得主那样聪明绝顶的员工，也有像 Beavis 和 Butthead① 那样愚蠢的员工，这是人才的自然配置。谁有权判定哪个是爱因斯坦，哪个是傻瓜？况且，难到每两年都要解雇 20% 的员工，然后再招聘新的员工吗？那样做的代价会很大，而且会挫伤员工的士气，破坏团队。这种方法在大公司里行不通。

阿玛彝尔：我第一次听到海伦的观点时，我的反应和拉里一样。但另一方面，我也做了研究。我对不同公司的 26 个创新团队进行了调查。我发给每个团队一本电子日记，要求他们每天进行工作记录，然后把日记发给我。在 26 个团队中，有三、四个团队，由于经理管理不善而人心涣散。研究发现，各管理层的影响重大——很简单的一件事情，也会引起严重的后果。因

---

① Beavis 和 Butthead 是美国音乐卡通片中的两个主人公。这部卡通片于 1993 年 3 月在美国有线电视网首映。这两位主人公是典型的小混混，言语粗鲁，毫无教养，愚昧无知。此部动画片颇受当时 20 岁左右的青少年欢迎，收视率很高，但也颇受争议。——译者注

此,选择管理人才时,必须要谨慎,如果管理者不能胜任管理岗位,要及时更换人选。

汉德菲尔德·琼斯:在调查中,我们向被调查者提出了这样一个问题:"如果公司对待不称职的经理时,采取严厉的措施,比如解雇他们或者把他们调离关键管理岗位,你会为此拍手称快吗?"50%的被调查者表示非常同意,96%的人表示赞同或某种程度上表示赞同。公司的领导有责任对管理人才作出客观公正的评价。你反对这种做法,是因为你认为这会对公司造成损害,我却不以为然。事事无完美,但是,可以变得相对完美。对管理者高标准、严要求的公司,业绩会更出色、更具活力,而不是相反。

人才管理在本质上,似乎与人类自身一样,有些神秘莫测。但是,如果公司能够像六七十年代他们不遗余力地进行市场营销那样,潜心研究人才管理,也许能够很容易揭开这层神秘的面纱。公司声称,他们视员工为最宝贵的资产,如果确实如其所言,那么,现在该是积极地、认真地管理这些资产的时候了。

## 参考阅读

*In Good Company: How Social Capital Makes Organizations Work* by Don Cohen and Laurence Prusak (2001, Harvard Business School Press)

*The War for Talent* by Helen Handfield Jones, Ed Michaels, and Beth Axelrod (2001, Harvard Business School Press)

"How to Kill Creativity" by Teresa M. Amabile (*Harvard Business Review*, September-October 1998)

"Knowledge Management: Beyond Databases" by Kristen B. Donahue (*Harvard Management Update*, March 2001)

"The War for Managerial Talent" (*Harvard Management Update*, March 2001)

"A New Retention Strategy: Focusing on Individuals" (*Harvard Management Update*, January 2001)

## 2. 人才保留新战略——关注个体

## 2. 人才保留新战略
## ——关注个体

"**幸**福的家庭,都是相似的。"这是托尔斯泰(Tolstoy)的小说《安娜·卡列尼娜》(*Anna Karenina*)的开篇之句。然而,幸福的员工,却是各不相同。某些员工看重的是,公司丰厚的薪金和福利;而有些员工尽管薪水不高,却非常珍惜公司快速成长所带来的职业契机;还有些员工欣赏公司内鼓励竞争的企业文化,因为其本人会在竞争中蓬勃发展。

员工各有不同,这种观点毋庸置疑。然而,公司为了降低员工流动率,在制定相关人才保留政策时,却常常忽略这一点。公司给所有员工加薪,没有考虑到,有多少员工是看在钱的面子上而留下来的。公司宣布实行昂贵的津贴计划,比如为员工报销培训费,其实并不了解员工的真正需要。也许,有的员工更喜欢其他形式的津贴。尽管销售人员和电脑程序员的兴趣迥异,但是,公司却对这两类不同类型的员工,采取相同的挽留政策。

庞大的、涵盖全员的福利计划，显然很符合逻辑。这与公司的运作程序中的繁文缛节也很合拍，因为这可以使经理们避免厚此薄彼的指责。然而，现在，员工流动率居高不下，这个棘手的问题长期困扰着公司。为了留住人才，公司需要一个更加个性化、因人而异的解决办法。最近，美国东北部人力资源协会召开了一次会议。会上，纽带咨询公司（Linkage）人力资源部副总裁夏洛特·埃文斯（Charlotte Evans），就此问题表明了自己的观点："公司必须照顾到每个员工的需求。"原因之一在于，纽带公司的一份研究报告表明，对于一家公司来说，一名业绩出色的员工，其价值超过五个业绩落后的员工。

---

薪酬计划覆盖面要广。同时，也要为公司需要保留的人才量体裁衣，制定个性化薪酬计划。

---

当然，任何公司都不会无视反歧视条例及其他劳动法规，给予某些员工特殊待遇。人力资源专家认为，在法律允许的范围内，因人而异，制定人才挽留政策，还是有很大自由度的。专家为此提出了如下建议：

## 1. 人才保留计划,始于招聘之时

公司在招聘员工时,不仅要考虑到应聘人员的技能和经验,还要考察其价值观念和态度。专家认为,挽留人才,通常从招聘之时就开始了。要做到这一点,关键在于,要避免聘用那些注定会对公司不满意的员工。戴尔电脑公司负责全球员工配置的副总裁安迪·埃斯帕扎(Andy Esparza)强调说:"要雇用那些认同公司价值观念的人。"戴尔公司寻求的员工,应该具备如下品质:处理不确定问题的能力,以及被戴尔公司特称为"快速适应不同工作的能力"。举例来说,一名刚被录用的员工,可能在第一天还没到公司上班,就会被告之工作职责有变。遇到这种情况,如果这名员工期望的是一份稳定的、具有可预见性的工作,这个公司就不太适合他。

为挽留人才而招聘的另一个关键是:力求让应聘人员全面地、准确地了解公司及拟招聘职位的全部信息,包括优缺点。由于现在劳动力紧缺,所有公司都在争夺高素质人才。因此,公司在招聘时,都趋向于掩盖招聘职位的不尽人意之处。如果考虑到人才流动率的成本,这种招聘技巧,就显得目光过于短浅了。州立特洛伊大学佛罗里达分校的莫林·汉内(Maureen Hannay)教授和梅林莎·诺桑普(Melissa Northam)教授,曾进行过一次调查,有近 200 名职员接受了此项调查。调查结果表明,对于公司雇主来说,最有效、最经济的人才保留战略是,填补"期望与现实的落差"。两位教授在《薪酬和福利评论》(Compensation and Benefits Review)杂志上撰文写道:"调查结果清楚地表明,向员工如实讲明职位的情况。既要告知其工作的优点,也要如实告知其工作的缺点。这样,可以有效降低员工流动率。"

## 2. 因人而异,量身定做薪酬福利计划

西布森公司(Sibson & Company)位于纽约市,是一家人力资源咨询公司,在美国其他城市也有分公司。西布森公司最近所做的一项研究,提醒各公司的人力资源管理部门,要认识不同类型员工跳槽的"根本原因"。例如,西布森公司的研究发现,决定股票经纪人去留的一个最重要的因素是丰厚的奖金。而其他理由,比如有利于个人职业发展,对于股票经纪人来说毫无意义,由他们的话来说,"根本不值得投资"。

根据上面提到的原则,一家保健服务公司了解到,其呼叫中心的员工希望在呼叫中心工作的同时,能够不断学习更多的知识技能:他们非常希望有机会了解

和尝试其他同事的工作，接触不同客户群。根据员工这种需求，这家公司建立了四个水平等级和职位轮换计划，从而降低了员工的流动率。《培训》(Training)杂志报道说，查尔斯·施瓦布公司(Charles Schwab)，是一家大型金融服务公司，它定期对其员工进行工作满意度调查。但是，施瓦布公司并不是简单地汇总调查结果，得到员工对公司的满意度，而是"针对具体的部门，汇总调查结果，让一线经理负责解决调查结果中所反映的问题"。

## "挽留"谈心

迈克尔·卡萨尼(Michael Cassani)在私人保健系统公司(Private Healthcare System)任经理，负责招聘员工及协调员工关系。他说，没错，所有员工都通过了面试，但是，有多少公司会经常与员工交谈，询问他们对工作是否满意，下一步有何打算等问题？他建议一线经理定期对员工进行这样的"挽留"谈心。而且，要留意员工不满的信号，例如，无故旷工。卡萨尼说："你必须在员工离职前找他们谈话，而不是当他们已经决定离开了，再去挽留，这样，为时已晚。"

## 3. 制定自选式福利计划

有些员工要求增加薪水；有些要求延长假期；还有些员工需要保险以及退休计划；而有些则不看重这些。尽管针对员工的不同需求，一种所谓的"自选式福利计划"最近开始得到发展，但是，许多公司仍然坚持"一刀切"式的福利计划，或者实行针对某个员工群体，却忽视了其他群体的福利计划。例如，为年轻父母提供婴幼儿日托服务，固然很好。但是，对于没有孩子的员工，是否有其他相应的福利呢？波士顿舰队金融集团在自选式福利计划的基础上，进行了一些改革：允许某些员工买卖一定天数的假期。这样，让偏好不同的员工可以用现金换假期，或用假期换现金。

在最近一期的《洞察力》(Insights)杂志上，肖超级市场(Shaw's Supermarkets)企业发展部经理克利夫·鲍尔泽(Cliff Balzer)撰文说，对于员工来说，另一种形式的选择很重要，即不同的职业道路。几乎所有公司员工都分为两种类型：一类是希望在某个技术或专业领域(比如销售、工程、设计等领域)谋求更大发展；而另一类员工则希望在管理岗位上不断晋升。这两类员工的职业目标各异，衡量成功的标准也不同。对于如何支配自己的时间，也有不同方式。尽管如此，仍然有

许多公司在提拔业绩最好的专家型员工去做管理工作,而员工也顺水推舟,听从公司如此安排,因为,这是他们晋升和加薪的唯一途径。

## 4. 因人而异,制定福利计划

公司声称,他们不敢对个别员工实行特殊照顾,而实际上,他们一直都在这么做。某些员工的要求很快会得到满足,而对于有些员工的要求,公司却置若罔闻。某些员工升职或加薪,而有些员工却无从享受。但是,若要留住人才,就要制定全面的福利计划,惠及所有员工。与此同时,对于公司需要留住的人才,要因人而异,区别对待。是否有某位员工需要一个短期无薪假期?是否需要破例为某位员工报销培训费?某家公司为希望了解不同部门工作的员工提供实习机会,而这些实习员工正好代替了那些正处在三个月产假当中的新妈妈们。舰队银行的人力资源部曾资助一项名为"争做全班第一"的计划。此项计划是为表现优异的人力资源部员工提供特别课程,旨在增长他们的经验,提高他们的技能。根据舰队银行的比利·简·波特(Billie Jean Potter)的报告,自这项计划实行三年以来,已有29名员工毕业,其中只有4人跳槽离开了公司。

菲尔·哈金斯(Phil Harkins),纽带咨询公司的总裁暨CEO,在一篇题为《招聘与挽留人才的美妙新世界》(The Brave New World of Recruiting and Retention)的公司报告前言中,这样写道:"公司必须想方设法找出公司最佳员工,而且要了解这些员工的需求,确保他们的需求得以满足,并且要让他们知道,自己的要求可以得到满足。"他在报告中还写道:"对所有员工一视同仁的老规矩,属于旧经济时代,现在已经落伍了。"

## 参考阅读

*Finding & keeping Great Employees* by Jim Harris, Ph. D. and Joan Brannick, Ph. D. (1999, AMACOM Books)

*Keeping the People Who Keep You in Business: 24 Ways to Hang on to Your Most Valuable Talent* by Leigh Branham (2001, AMACOM Books)

*Love 'Em or Lose 'Em: Getting Good People to Stay* by Beverly Kaye and Sharon Jordan-Evans (1999, Berrett-Koehler Publishers)

**3．创造满意职场九步曲**

# 3. 创造满意职场九步曲

位于旧金山的优良工作环境评估研究所（Great Place to Work Institute），在《财富》（Fortune）杂志上列出了美国员工最满意的 100 家公司名录。研究所的罗伯特·利弗林（Robert Levering）说，创造满意职场，并不完全意味着为员工提供丰厚的福利津贴。事实上，一个令员工满意的工作环境是指，在这种环境中，员工可以全身心投入到工作中，员工与管理者彼此信任，员工得到公平待遇。罗伯特补充说，薪金福利固然重要，但是，这应该是公司文化的反映，而不是公司文化的根本。而且，最令员工满意的公司的回报与付出是等值的。凯普纳·特里戈咨询及培训公司（Kepner-Tregoe）最近做过一次深入调查，调查对象是"最吸引人才的公司"——那些人才流动率比较低的公司。调查结果表明，这些公司对员工要求严格，同时，也非常关心员工的个人发展，这种关心甚至有些过度。

而事实上，作为一名经理，要想创建真正令员工满意的职场,你不能置身事外,等待公司集中实行大型计划。在过去的25年中,盖洛普调查公司对一百万职员(其中包括八万名经理)进行了调查访问,调查内容涵盖他们职业生涯的方方面面。调查发现,即使在最著名的公司里,人才保留率、生产效率以及员工满意度,也因部门不同而有很大差异。盖洛普公司的高级副总裁马库斯·白金汉(Marcus Buckingham)解释说:"员工选择到某家公司工作,可能是因为公司的名气,而员工能够在公司工作多久,则取决于管理者的管理水平。"

某些经理对此深有感触。摩托罗拉公司(Motorola)的一位高级副总裁大卫·普拉提(David Pulatie)说:"许多员工之所以留下来工作,是因为他们非常喜欢他们的上司。我曾和他们交谈过。员工看到上司为他们着想,这对员工是一种很大的吸引力。员工很愿意为上司而留下来继续工作。"

那么,该如何让你负责的部门变成员工满意的工作场所呢?下面就是创造满意职场的九步曲:

## 1. 帮助员工找到工作的意义

凯普纳·特里戈咨询及培训公司的CEO奎因·斯皮策(Quinn Spitzer)认为,员工安心于某项工作,要么是因为这项工作能够使员工精神上感到充实,要么能够给他们的生活带来物质上的实惠。令人遗憾的是，许多工作不具备这两点中的任何一点。斯皮策说："这就是迪尔伯特漫画流行的原因。他抨击了工作的单调乏味之处，引起了许多人的共鸣。"其实，如果员工能够了解到，他所做的工作对于公司实现目标、获得成功，意义重大，那么，即使他所从事的工作再单调，也会被赋予深刻含义。爱惜康手术器械公司（Ethicon Endo）位于辛辛那提，公司主管人力资源的副总裁汤姆·罗尚（Tom Rochon）说："拿公司中负责医疗器械的包装和消毒工作的员工来说，我们就会让这部分员工了解，他们所做的工作就是，保证产品质量，确保产品如期投放市场。他们的工作对于公司来讲，至关重要。"

如果员工的工作内容繁杂，涉及撰写报告、联络客户以及参加会议等等，那么，你可以让员工按照自己的想法，依据这些工作内容对于公司的重要性，进行排序。排序的结果可能会出乎你的意料。斯皮策回忆道："我曾与某'最佳'公司的员工交谈过。她说，只要不再让她参加会议，她愿意做任何事。在她看来，那些会议纯粹是在浪费她宝贵的时间。"听到这样的言辞，你可能不赞同这样的看法。但是，如果这些工作对于公司来讲，至关重要，就必须让员工了解这些"无关紧要"的工作对于公司的重要意义。

## 2. 严格要求员工

斯特莱克公司(Stryker Corp.)是一家医疗设备制造商。克里克·德尚(Keric DeChant),任公司副总裁,主管销售战略。德尚建议,要为员工制定目标,而且要鼓励员工超越目标。德尚曾任公司中西部地区的销售经理。当时,他就曾明确地向销售代表们表示,尽管销售代表的收入来自于自己的销售佣金,但是,他仍然希望他们能够具备团队意识,不仅为达到个人的业绩目标而努力,也要为实现团队目标而努力工作。他说,当时有一位销售代表,在十月份就已经完成了他的个人年度销售任务,剩下的时间完全可以悠闲自在,不必再努力工作。而这位销售代表却没有松懈,继续努力销售。不仅提高了整个团队的销售业绩,而且在12月,达到了他个人销售的最高业绩。德尚说:"当时,我从来没有给我的销售代表制定销售额。他们只是知道我对他们的期望和要求,最终,他们也以此作为自己和团队的目标。"

## 3. 不要对员工"指手画脚"

自然规律告诫我们，从甲地到乙地，走直线并不总是最佳路线，而阻碍最少的路线才称得上是最佳路线。因此，那些管理有方的公司会制定高标准，但是，并不会对员工指手画脚，命令员工如何达到这些要求。某位销售人员可能会通过建立关系网而达到销售目标，而另外一位销售人员完全可能会通过运用自己的销售技巧进行销售，还有的销售人员会通过给更多的潜在客户打电话进行销售。如果他们都是优秀的销售人员，他们以何种方式达到销售业绩又有什么关系呢？盖洛普公司的白金汉说："你只需要制定目标，而无需限定达到目标的方式。"

## 4. 真正做到平易近人

在对《财富》杂志上榜公司的调查中，利弗林发现，在这些公司中，经理与员工的会面次数多寡很重要。他指出："在工作中，大多数人感到压力很大，原因在于公司中权力的严重失衡。因此，管理层的平易近人，就显得非常重要。"凯普纳·特里戈咨询及培训公司的斯皮策认为,如果你想知道自己是否平易近人,查看一下上一年的约见记录,算一算有多少时间是在与员工谈论工作日程,就可以知道答案了。"如果与员工交谈的时间占工作时间的比率低于10%,那你的员工肯定不会满意。"

要做到这一点,需要走出办公室,走到员工中去。布鲁斯·麦克伦尼森(Bruce McLenitham),负责管理Steelcase办公家具设计生产商的北美办公用椅工厂。他是公司第一个把办公室搬到工厂的经理。至于这样做的原因,他开玩笑说:"我管理的是工厂,而不是办公室。客户在哪儿,我就到哪儿。我把每位员工都当作我的客户看待。"他的这种做法,鼓舞了员工士气,从而促进了生产效率。而其他的工厂经理也都纷纷效仿他的做法,把办公地点搬到了工厂里。麦克伦尼森还非常重视与员工的个人交流。他说:"我能叫出每个员工的名字,也知道他们孩子的名字,甚至是他们家宠物狗的名字。我认识一位会打曲棍球的员工。每次他打完比赛后,我都会问问他比赛的情况。"

## 5. 打破黄金法则

你本人可能非常厌恶过细管理。然而,有些员工却希望经理每天都来视察工作。况且,你喜欢做决定,并不代表别人也喜欢。麦克伦尼森说:"如果你把这样

的员工放在决策者的位置上，会产生许多麻烦。"让喜欢做决定的员工承担类似工作，就会做到人尽其才。要做到知人善用，根据员工的个人特点，为其安排适合的工作。"有些员工喜欢案头工作；而有些则对电脑比较偏好，可以让他们承担电脑制图的工作。"你希望别人如何对待你，但未必也要如此对待员工，因为这未必是员工想要的。重要的是，要投其所好，按照员工期待的方式去对待他们。

## 6. 尽快向员工传达公司会议精神

布兰查德培训发展公司（Blanchard Training and Development）位于圣地亚哥，鲍勃·纳尔逊曾任该公司部门经理，管理部门内的16名员工。"我当时承诺，开完经理会议后的24小时之内，我会与部门内的所有员工会面，讨论与其工作相关的会议内容。"纳尔逊说，"这样会令员工觉得，我与他们是同事关系，而非上下级关系。其他部门的一位经理说，'你们部门的员工对公司的情况了如指掌，你怎么做到这一点的？'"

### 贵公司的工作环境如何？

众所周知，员工的工作满意度一向都很难测定。

然而,根据盖洛普对一百万员工的调查结果,只要让员工回答以下12个问题,就可以判定出员工对工作的满意度。以下这12个问题是根据重要性来排列的。想了解贵公司的工作环境,让员工回答以下12个问题:

1. 是否了解公司对自己的期望?
2. 是否拥有工作所必需的材料和设备?
3. 工作中,是否每天都有机会展示才能?
4. 在最近七天中,是否因工作出色而得到了公司的认可和表扬?
5. 上司或公司同事是否对我表示过关心?
6. 公司中有人鼓励我的个人发展吗?
7. 工作中,意见是否得到重视?
8. 公司的使命是否让我觉得我的工作很重要?
9. 同事是否致力于圆满完成工作?
10. 公司中,是否有好朋友?
11. 在最近的六个月中,是否与他人就个人进步进行过交流?
12. 工作中,是否有学习和发展的机会?

## 7. 确保员工拥有工作必需的资源

盖洛普的这项研究表明，首先，要让员工了解公司对他的期望，这是最重要的。其次最能够提高员工工作效率的方法是，为员工准备工作所需的材料和设备。纳尔逊说，这样做的目的是："为了提高员工工作效率。如果某位员工需要升级某个软件，那么，就要支持她，帮助她向公司申请升级她的软件。"

## 8. 向员工表示感谢

一个深受员工爱戴的公司，会花费大量的时间和精力去关心员工，让员工觉得与众不同。这也是有些公司请人来为员工修护指甲的真正目的。但是，对员工表示感谢，并不一定需要花费很多钱。比如，罗尚的公司鼓励上司认可员工的出色工作（以及员工之间相互认可）。如果某个团队恰巧在周末完成了一个项目，每位员工可能会得到一张录像带租用券、或者公司餐厅的五美元代金券、或是一张比萨饼。罗尚说："关键在于，这种认可是否及时。这种回报必须要在现场发给员工。"尽管这种回报价值不多，效果却非同凡响。

"许多员工都对我们说,'你不知道,这对我来说,意义非比寻常。'"

## 9. 快乐工作!

在工厂达到安全指标之后,麦克伦尼森会请工人们去野餐,而经理们负责做饭。员工生日这天,员工的上司会送给员工一张纸,上面印有历史上发生在这一天的重大事件。"这些礼物价值不多,却有助于密切与员工的关系。"

有时,用幽默诙谐的方式,也能够明确一个严肃的问题。麦克伦尼森说,比如,每个月制作并放映一次"凡人小事"的录像片。"我们有很多员工不愿意填写残次产品记录单。所以,我就自导自演了一部关于机械零部件的短片:我碰到了一个残次部件,非常生气,随手就把它扔进了垃圾箱。这时,一位协调员出现了,对我说:'嘿,你得先填写残次产品登记表,不能就这么把它扔了。'为此,我在经理办公室里顿足捶胸,向经理大喊大叫,一个扮演我的经理角色的人就向我解释,填写登记表是如何让公司获得数据,从而减少残次品的数量。"

想必这个录像拍得非常棒,而且非常奏效。麦克伦尼森说,自从他拍完这个录像以后,工厂的残次品报

告制度执行得非常好。

## 参考阅读

"One More Time: How Do You Motivate Employees?" by Frederick Hertzberg (*Harvard Business Review*, September-October 1987)

*Avoiding the Brain Drain: What Companies Are Doing to Lock in Their Talent* (November 1998, Kepner-Tregoe, Inc.)

*1001 Ways to Energize Employees* by Bob Nelson (1997, Workman Publishing)

"The 100 Best Companies to Work for in America," by Shelly Branch (*Fortune*, January 11, 1999)

*First, Break all the Rules: What the World's Greatest Managers Do Differently* by Marcus Buckingham and Curt Coffman (1999, Simon & Schuster)

## 4. 让员工满意——赢得员工忠诚的歧途

弗雷德里克·F. 瑞克霍德

# 4. 让员工满意——赢得员工忠诚的歧途

弗雷德里克·F. 瑞克霍德

诺曼·施瓦茨科夫将军（Norman Schwarzkopf）曾向我讲过这样一件事，越战期间，他的中尉的一个善意决定，无意间动摇了部队士兵的忠诚根基。他说，当时，部队中的装甲兵抱怨，在蒸笼式的热带丛林中穿着笨重的防弹服，闷热难忍。中尉为了稳定军心，努力让士兵感觉舒服些，于是，就让士兵自主选择是否要穿防弹服。尔后，这个班遭遇袭击，伤亡人数直线上升。在此事件之后，施瓦茨科夫的部队汲取了深刻的教训——"赢得士兵忠诚，首先考虑的不是士兵的舒适，而是要把他们的利益放在第一位"。

上面提到的事件，对于军队来说，是一个惨痛的教训。类似的事件对于企业来说，又何尝不是如此呢。经济繁荣时期，公司管理者常常会想方设法满足员工的各种要求，认为只要员工满意，就会对公司忠诚不渝。这种把员工满意度和员工忠诚混为一谈的做法，促成了职场中一种最常见的背叛。而事实表明，那些稳固的企业——拥有最多的忠实员工及忠实客户的企业，恰恰是那些拥有永不满足的员工的企业。

我这样说的目的，并非要激怒员工，也不是让公司为员工提供廉价咖啡，或者限制员工拿走公司文具等这类小事。而是为公司设定一个限度，这样的限度在当今残酷的、竞争激烈的经济环境中，会有利于公司的发展。要使员工永远不满足于为客户所提供的服务。这样，他们才能有动力达到更高的服务水平。员工不满足于现状，孜孜以求，为客户提供更好的服务，不断为公司赢得忠实客户，只有在这种情况下，才能产生真正的员工忠诚。

经济萧条时期，很容易区分，哪些公司真正拥有忠诚的员工及忠诚的客户，而哪些公司拥有仅仅表示"满意"的员工。那些只为赢得员工满意的管理者，很可能会眼睁睁地看着公司在竞争中被打败，对此却无能为力。这些公司会大批解雇员工。而那些没有被解雇的员工，也会受到打击：他们会接管即将离职的同事留下的烂摊子，从而被沉重的工作负荷压得喘不过气来。而因为竞争对手能够提供更优质的服务，客户也纷纷转向竞争对手公司，员工的自豪感和积极性，也会因此受到挫伤。而随着个人职业发展机会的减少，员工对于公司领导的信任，也会慢慢消退。

美国的公司中,至少有一半的团队因规模过于庞大,而无法培养更高程度的员工忠诚度。

那么,如何保证你的管理方式是出于员工利益,而非员工满意度呢？以下是解开这个谜团的关键两点：

把公司划分为规模适度的团队,有助于培养团队的快速反应能力及责任感。

为团队制定必要的监测标准,以检验团队在赢得客户忠实方面所创造的价值。

对于第二点,可以利用忠诚度验证方法（Loyalty Acid Test）,来帮助公司监测他们在构建员工和客户忠诚方面所做工作的效果。此方法由贝恩公司首创,是一种基于对公司员工及客户进行调查的方法。贝恩公司的研究结果表明,一般来说,如果一个公司内有半数员工表示会忠于公司,就已经很不错了；尽管有75％的客户表示对公司所提供的服务满意或非常满意,但是,实际上仅有50％～55％的客户是真正的忠实客户。其实,这种结果也在意料之中。因为,与客户打交道的员工中,只有半数认为他们的公司值得信赖,并愿意忠实于公司。

现在,赢得员工忠诚的难点在于：公司管理者必须确保团队结构有利于赢得员工忠诚。再以军队为例,士兵的爱国之情、对长官的信任、对宪法宗旨的笃信以及为世界安全与美好而战斗的决心,使士兵与军队之间的忠诚纽带更加牢固。而军队领导层认识到,要充分发挥士兵的信仰和决心的作用,最根本的管理方式则是把士兵分成小组。这样,每位士兵的能力都能够发挥作用。每5~10名士兵组成一个班,这样有助于明确分工,确定职责。每位士兵的作用都无法替代,没有哪个士兵有机会偷懒,即使在一片混乱的战场上,仍然能够保持及时沟通与协作。

这种模式在公司中也同样适用。规模小的团队更有活力,团队成员之间的联系更紧密。如果公司为客户服务的目标没有达到,谁也无法逃避责任,也无法把责任推到某个管理部门。如果达到了目标,团队成员也都明白,这要归功于他们自己的努力。

在员工忠诚度最高的公司中,团队的平均规模远远小于其他竞争对手。美国军队保险公司(USAA)呼叫中心的团队规模为10~12人,而其竞争对手的团队规模却有17~25人。美国西南航空公司的一名经理管理10名员工——团队规模是美国航空业平均团队规模的一半。位于美国密苏里州圣路易斯的Enterprise Rent-A-Car汽车租赁公司的团队规模仅为八人;与其相比,其竞争对手公司的团队规模却是该公司团队规模的三倍。根据通常的会计逻辑,团队越小,成本越高,而拥有小规模团队的这些公司,没有被这种逻辑所蒙蔽("事实上,昂贵的成本是因为有太多的管理人员")。相反，他们认为，团队虽小，只要合理利用，不仅会降低成本，而且还能够提供同行业中最高水平的服务。

大多数公司经理认为，他们了解小团队的优势：在调查中，有71％的公司高层管理者表示，他们正在充分利用小团队，以简化公司的组织结构。然而，在对一线员工进行调查时，却只有43％的员工认为，公司对于小团队的利用合理有效。当问及还有多少员工归同一位经理领导时，得到的答案却显示，小规模团队并非像人们想象的那样，被广泛利用。

许多公司领导者为了赢得员工忠诚，允许公司团队扩大规模，致使团队结构臃肿，这是在作茧自缚。贝恩公司的研究结果表明，美国的公司中，至少有半数的团队规模过于庞大，无法培养真正的员工忠诚。小规模团队的员工忠实度最高。平均来说，一个由七人或低于七人组成的团队，与一个由25人以上组成的团队相比，其员工忠实度要高出15个百分点。

## 限制团队规模

除非公司经理干涉，人为拆分，大多数优秀团队都趋向于增大规模。安迪·泰勒（Andy Taylor），Rent-A-Car汽车租赁公司的CEO，实行了一项强硬政策：一旦某个分公司达到某种规模——通常当分公司汽车数量达到100～200辆时,就会被一分为二。管理分公司的经理们认识到,尽管他们不情愿把他们通过精挑细选招聘来、并且精心培训过的员工以及他们辛苦建立起来的客户群,拱手相让。但是,晋升的唯一办法就是,想方设法提高自己所管理的分公司的利润。他们也明白,只有提高服务质量,才能赢得新客户。Rent-A-Car公司利用本公司的客户验证方法,每月都对其公司下属的4500多个分公司进行调查,以此调查结果来判定客户是否满意,是否愿意再次光临。得分排名靠前的分公司经理才有升职资格。Rent-A-Car汽车租赁公司的高层管理人员正是通过控制团队规模,促使团队在保证利润及发展的同时,关注客户感受,从而确保本公司在竞争中立于不败之地。

  Chick-fil-A公司在快餐行业中拥有最高的员工忠实度。长久以来,公司主席——S.特鲁特·卡西(S. Truett Cathy)一直坚持,一位餐厅经理应该只管理一家餐厅。其公司每平方英尺的效益,要远远超过大型连锁快餐公司。他把这种成功主要归功于公司的结构优势,即以规模小、地方性的团队为主的公司结构。尽管竞争使得那些成功的经理想扩大管理范围,卡西却不畏公司压力,强烈反对在公司这么做。直到最近,一些餐厅经理才说服了他,保证他们能够承担管理多家餐厅的风险。尽管卡西作出了让步,但他仍然坚持要求这些经理认真监控客户满意度。只有几名经理，因其管理的餐厅客户满意度较高，才被允许继续管理第二家餐厅，而且，他们必须每月都通过客户满意度验证调查。

　　福利很诱人，可以吸引人才，留住你最想保留的人才，但是，真正的员工忠诚，并非来源于丰厚的福利，而是来源于别处。员工忠诚与客户忠诚紧密相连：要赢得客户的忠诚，必须先赢得员工的忠诚。因此，要保持较小的团队规模，而且，为员工提供赢得客户忠诚所必需的资源。

## 第五部分

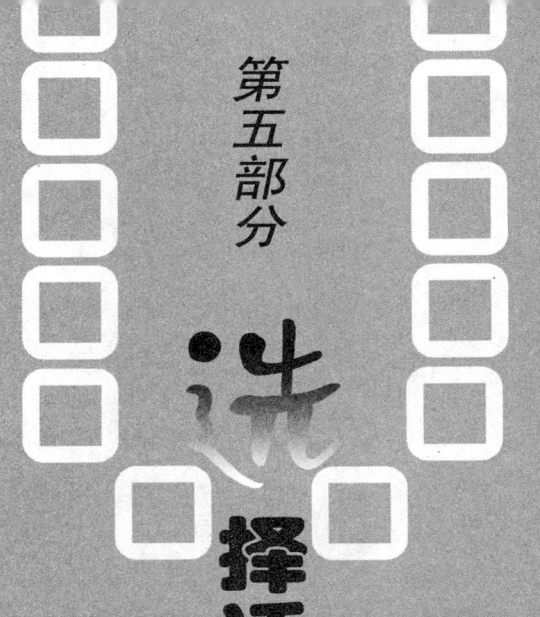

# 选择适宜的回报、认可和奖励方式

坦率地讲，没有人会说，在工作中，不在乎物质奖励。因为，终归我们还要实实在在地生活，要支付房屋按揭、子女的大学学费以及生活中其他的各项费用。然而，金钱并不是激励人们奋进的唯一动力。事实上，最有效的激励方式是货币与非货币奖励形式的结合，而且，事实证明，最有效的往往是非货币形式的奖励。那么，如何选择合适的奖励组合呢？要做到这一点，首先必须明白，员工最看重的是：上司的表扬、工作与决策自主权，以及工作失误后经理给予他们的支持。在奖励组合中的薪酬部分，可以考虑让员工从菜单式薪酬中任意选择现金、限制性股票或期权，并且把薪酬中的可变部分与员工绩效挂钩。这样，可以使员工清楚地认识到，其工作表现直接关系到所获得的回报。

# 1. 与鲍勃·纳尔逊谈如何认可与回报员工

# 1. 与鲍勃·纳尔逊谈如何认可与回报员工

在当今的经济环境中,认可员工的工作表现尤为重要。《哈佛管理前沿》(*Harvard Management Update*)曾就此话题,采访了鲍勃·纳尔逊。鲍勃·纳尔逊是畅销书作家,也是员工激励方面的专家,他曾指导过联邦快递、时代华纳及 IBM 等知名公司如何有效激励员工。

**1. 为什么经理给予员工的非正式认可很重要?**

经理给予员工的非正式认可很重要,这是因为这会让员工感到与众不同。如果公司对员工的认可形式毫无区别,比如,为奖励员工五年来对公司的贡献,发给每人一枚一模一样的胸针,员工并不会产生什么特别的感受。为了使员工认可计划真正发挥作用,这种认可必须来自于员工尊敬的人,比如,他们的经理。

## 2. 怎样才能使非正式认可更为有效？

给予员工非正式认可，要选择适当的时机，这很重要。对于员工工作表现的肯定和赞扬，越是及时，越是明确，那么，他们就越有动力像以前一样努力工作。

对于员工的认可，必须基于员工的工作表现，这样才能最有效地调动员工的积极性。许多公司都在周五的时候为员工准备面包圈，或者，在员工生日的时候，送给他们生日贺卡，不知不觉，公司里就形成了一种企业文化，这些变成了员工理应享受的某种权利。如果这么做只是为了表达善意，而最终的结果却是，员工会期望更多。因此，对于员工的肯定和认可，必须基于员工的工作表现和工作业绩是否达到企业所期望的标准。这样，员工才会更加珍视这种荣誉，效果也会更好。

认可员工，需要采取多种方式，有的放矢，心诚意切。不要反复使用某种奖励方式，否则，效果就会越来越差。

## 3. 何种认可和回报方式，是员工最期望的？

我最近就此问题做了一次网上调查，给出52个选项让员工选择。员工最看重的是"管理者的支持与参

与",具体表现为征求员工意见,让员工参与决策,赋予员工工作自主权,在员工失误时给予他们理解和支持,等等。另外,员工还很看重工作时间的灵活性、学习与发展的机会、是否能够随时找到经理,以及经理在公司的时间。

员工还期望得到表扬。在员工最希望得到的 10 种认可方式中,有四种是不同形式的表扬:上司亲自表扬、表扬信、当众表扬以及电子邮件表扬信。这些表扬形式最受员工欢迎,而且不花费一分钱。

## 4．如何在特定的场合选择适当的表扬方式?

选择适当的表扬方式,要考虑以下这些因素:

➢ 能否找到适当的时机:你多久才能见到某位员工?你与他是否在不同地点工作,或者他只通过电脑终端与你联系?是否有类似定期员工会议这样的场合,让你有机会公开表扬某位员工?
➢ 员工的偏好:你是否知道某位员工愿意被他人表扬?你是否与他讨论这一问题?例如,某位性格内向的员工,可能会更希望收到书面的表扬信或电子邮件形式的表扬信,而并不喜欢被人当众赞扬。
➢ 经理本人喜欢的方式:作为一名经理,你喜欢采用什么样的方式去称赞员工?你可能觉得当面称赞别人,很尴尬,所以,即使你觉得应该这样做时,也不会这么做。如果你不喜欢当众称赞员工,也可以采取另外一种更亲切、更真诚的方式。

## 5. 在经济状况不佳时期,认可员工的工作表现,是否有何特别考虑?

当然有。经济不景气的时期,正是最需要认可员工的时候;然而,我们却很少这样做。举例来说,以前,你通常奖励一个团队的奖金为250美元。但是,因为现在公司难以支付这么多奖金,所以,就不再奖励这个团队了。然而,我所强调的是,停止给予物质奖励,并不意味着不需要进行鼓励和认可。或者,可以这么说:"我们不得不降低奖金的数额,借以度过难关。但是,这么做,并非是贬低这个团队的工作价值,尤其是,在目前这个困难的时期,这个团队的工作更有价值。"在我们面临困难的时候,只需是一句支持的话语,一顿团队午餐,或者一句"坚持到底",就足以激励员工努力工作了。

## 参考阅读

*Make Their Day! Employee Recognition That Works* by Cindy Ventrice(2003, Berrett-Koehler)

*The Magic of Employee Recognition: 10 Proven Tactics from CalPERS and Disney* by Dee Hansford(2003, WorldatWork)

*Other People's Habits: How to Use Positive Reinforcement to Bring Out the Best in People Around You* by Aubrey C. Daniels (2000, McGraw-Hill)

## 2. 对于金钱与激励的再思考

罗兰·盖瑞

# 2. 对于金钱与激励的再思考

## 罗兰·盖瑞

你是否听说过这句话："干自己喜欢的工作,金钱就会随之而来?"这句话的含义是,单纯追求金钱,会蒙蔽内心真正的追求。至少在过去的半个世纪中,研究管理学的专家都曾强烈支持这种观点。然而,当代生活中,金钱占据了生活的方方面面,有些人开始相信,开诚布公地谈论金钱这个话题,非但不会蒙蔽员工,反而会帮助员工找到真正的兴趣。

经理与员工之间谈论更多的是报酬,这种现象似乎有悖于传统的价值观念。在1968年出版的一期《哈佛商业评论》中,刊登了弗雷德里克·赫茨伯格(Frederick Herzberg)写的一篇影响深远的文章——《对于激励员工的再思考》("One More Time: How Do You Motivate Employees?")。他在文中指出,金钱、福利、工作条件、公司的政策及管理,都属于"保健品",是工作本身的外源因素。这些外源因素,还不足以激发员工对工作全身心地投入。赫茨伯格认为,激励员工在工作中不断进取的主要因素是内在激励因素,例如,工作是否能够使员工感到充实和满足。而让员工的工作变得更具挑战性、更加有趣味性,会激发员工对工作业绩和成就的不懈追求,从而使员工在工作中获得满足和充实感。

许多社会评论家及行政培训专家说,虽然,美国社会日渐富裕,员工工作起来看似比以往任何时候都卖力,却愈发感到迷茫,找不到生活的意义和目标。行政人员培训师帕梅拉·约克·克莱纳(Pamela York Klainer)说,上一代的人感到生活充实而有意义,"这种充实感来源于丰富多彩的生活,来自于他们所居住的社区,所参与的社会活动,以及所属的宗教团体。而现在,除了养家糊口之外,就只剩下工作了"。因此,职场就成为人们寻求生活意义的主要领域。而财富的累积"就成了一项最显而易见的指标,它被用以衡量人们在探求生活意义的道路上所取得的进步"。

克莱纳著有《钱赚多少才算够?》(*How Much Is Enough?*)一书。她说:"虽然毫无根据,但是员工却认为他们的薪水会不断增加。如果公司没有每年给他们涨工资,就是不尊重他们的劳动。"为了使员工改变这种错误的看法,经理们可以给员工传授一些公司财务方面的基本知识,这样,在与员工谈论薪金时,可以避免员工产生心理波动,把员工带入到一种"理智的交谈中,让员工了解,公司所能为员工做的,取决于当年的公司业绩"。

例如，要让下属了解公司收入与赢利能力之间的区别；向员工解释市场如何决定产品价值（是指产品定价与品牌价值的结合）；向员工说明其工作对公司业绩产生的影响。员工了解这些商业知识后，就会逐渐明白，虽然自己正在做自己喜欢的工作，但金钱未必随之而来——我们必须经常在金钱与热爱的事业二者之间，权衡比较，作出选择。

雅各布·尼德曼（Jacob Needleman）是旧金山州立大学的哲学教授，也是《金钱与生活的意义》（Money and Meaning of Life）一书的作者。他在书中这样写道，当人们意识到必须要在金钱和所热爱的事业之间作出选择时，就会明白，金钱不是万能的，金钱能提供的东西是有限的。他认为，在一个崇尚金钱的社会中，"人们很容易产生混淆，把基本的物质需求——生存所必需的衣、食、住及安全，与同等重要的基本精神需求——生活的意义和目的，混为一谈"。这种混淆使人们很难说清楚，他们做某种工作是真正发自内心的热爱，还是出于渴望享受工作报酬所带来的那些舒适与安全。

与此相矛盾的是，只有通过注重金钱——尤其是生活当中，因金钱而引发的恐惧及自欺欺人——人们才开始重新理解这两种基本需求之间的差别。尼德曼说，更为深刻地审视金钱的意义，可以帮助人们摆脱对金钱的痴迷。只有人们不再为钱所迷，才能看到成功的希望、理解生活的意义，理清金钱与生活的关系，而这些已不再是单纯的生存的问题。

勇于审视自己对金钱的态度和观点，有助于人们识别自己的内在生活动力，使人们更深刻地理解自己内心深处的生活情趣和满足感，而这些内在的生活情趣和满足感，是无法通过金钱获取的。

## 3. 什么是当代最有效的员工奖励方式?

*彼得·雅各布斯*

# 3. 什么是当代最有效的员工奖励方式？

彼得·雅各布斯

恐怕没有人会谴责微软公司（Microsoft）废除员工薪酬中的股票期权赠与计划。原因是多方面的：公司在使用股票期权时，因为支出过于庞大而遭受重创；美国财务会计准则委员会（The Financial Accounting Standards Board）也会随时要求公司将赠与员工的股票期权列入薪酬支付成本，这会使得公司的利润减少；而且，对于员工持股计划是否会起到有效地激励员工的作用，也颇具争议。因此，许多公司宁愿彻底放弃这种激励员工的方式。

但是，仍然有许多公司，依然钟情于这种激励员工的方式，在全公司实行股票期权计划。花旗集团（Citigroup），就是其中之一。事实上，花旗集团已经在北美地区将期权列为上万名员工的薪酬计划的一部分。不仅如此，那些拥有股票薪酬的员工，还可以有更多的选择——可以要求公司按期权支付薪酬，也可以选择按限制性股票来支付薪酬——尽管公司对于行使期权的条件进行了更为严格的限制。

在微软公司、花旗集团以及其他许多公司中,股票期权这种奖励形式所起到的作用,引发了一场更大范围内的争论。争论的焦点集中在,如何更有效地把员工薪酬与公司战略结合在一起。当许多公司仍然处在探索阶段时,有些公司早已另辟蹊径,开始了新的尝试。这些公司的方法独到,反映了现代职场中,对于一线员工到高级行政人员等各级员工的激励与回报的新思维。

## 期权之外的选择

期权虽不是这场关于员工薪酬讨论的全部内容,却绝对是问题的焦点。美世人力资源咨询公司(Mercer)的彼德·钦戈斯(Peter Chingos)把当代经济环境比喻为塞巴斯蒂安·琼格(Sebastian Junger)所著《完美风暴》(*The Perfect Storm*)一书中所描写的风暴天气。钦戈斯说:"许多事情都是同时发生。转瞬之间,公司突然需要支付期权。而这些期权的数额惊人,收益减少的前景似乎已成定局。整个市场疲软,使得股票价格下跌。投资者对此也愤愤不平,不愿支付公司CEO的高额薪酬。"

而且,亦有人质疑股票期权对激励员工所起的作

用。《经济观察杂志》(Journal of Economic Perspectives)曾刊登一篇题为"股票期权的困惑"("The Troube with Stock Options")的文章。在这篇文章中，哈佛商学院教授布赖恩·豪尔(Brian Hall)与南加利福尼亚大学教授凯文·墨菲(Kevin Murphy)，针对期权作为一种长期激励计划(LTIPs)的问题进行了深入探讨。他们发现，股票期权作为激励手段的问题之一在于，市场低迷时，股票期权难以激起员工的工作热情；而在市场繁荣时，那些表现平平甚至是表现不佳的员工，也能得到丰厚的回报。

越来越多的事实都表明，仅用期权这种股票激励方式来激励员工，并非特别有效。那么，这会对公司产生什么影响呢？韬睿人力资源管理咨询公司(Towers Perrin)负责制定行政人员薪酬计划的盖瑞·洛克(Gary Locke)说："许多公司正在寻求一种基于公司业务目标的薪酬计划，同时，尽量减少薪酬计划对公司财务状况的依赖程度。"

在钦戈斯所提到的几种奖励计划发展趋势中，长期奖励计划的多样化，是其中一种发展趋势。有些公司已经缩减股票期权比例，用基于时间与业绩的限制性股票代替部分等值的期权。除此之外，有些公司还对其长期奖励计划中的一部分进行重新分配，按照现值，兑换成薪酬计划中的现金部分，支付给中低层管理人员。这样做的原因在于，公司发现，一旦等待行权期结束,可以行使期权时,员工就会频繁地行使期权,以此作为现金补偿。

钦戈斯说,另外一种趋势就是,一些公司开始采用自选式长期奖励计划。在这种奖励方式中,高级管理人员可以从一系列菜单式奖励计划中,自主选择现金、限定股票或期权等形式的组合。

## 大 胆 尝 试

以下是一些公司的奖励计划,可供正在考虑未来奖励计划策略的公司参考借鉴。

### 自下而上的奖励计划

美国平达系统公司(Planar System)实行的可变薪酬计划的核心在于,对公司高级行政人员的承诺,而这份承诺必须在公司支付完其下级员工的奖金之后才可兑现。

巴拉吉·克里士纳木提(Balaji Krishnamurthy),是该上市公司的 CEO。其公司主要生产平板显示系统。他说,公司薪酬计划基于三个基本原则:

第一个原则,公司招聘时,目标瞄准的是技术领域

中最高水平的经理及工人。因此,公司会为此支付同行业中最高水平的工资。他指出:"只有当公司业绩达到同行业领先水平时,薪酬中的可变部分才能得以兑现。"

第二个原则,公司要求,高级行政人员必须在公开市场上购买价值相当于其底薪10%的本公司股票。这并不包含行政人员可能通过股票期权或其他形式的股票薪酬计划所获得的股份。平达公司为鼓励这种做法,高级行政人员每购买一份股票,公司会赠与他们九份期权。克里士纳木提说:"股票下跌,股东利益的损失,比期权持有者的损失,要大得多。"

第三个原则,只有在股东分红之后,公司才能支付员工薪酬中的可变部分;然后,根据先底层员工后上层管理人员的分配原则来支付。换而言之,一线员工必须拿到足额奖金之后,才轮到其上层的管理人员,然后,是中层经理、高级行政管理人员,最后才轮到公司的CEO。

克里士纳木提说:"这种分配形式直接反映出职责与影响力的关系。CEO排在最后拿奖金。因此,也就成了最主要的风险承担者。因为,CEO最有能力影响公司的业绩。"

## 菜单式奖励计划

林肯公司（Lincoln National），是费城一家金融服务公司。最近，这家公司实行了一种新的长期奖励计划，用以替代过去的员工股票期权计划。这项新的奖励计划为菜单式，内容包括一系列可变奖金，员工可以从中选择自己希望的奖励形式。公司人力资源部的高级副总裁乔治·戴维斯（Geogore Davis）这样解释说，每个具备条件的职位，公司都会计算出这个职位的特定的长期奖励计划价值，由员工指定以某种货币形式支付。为了补偿因各种货币波动所带来的风险损失，公司为员工提供价值100%的股票期权、80%的股票以及67%的现金。

林肯公司新计划的另一个特点就是，公司赠予员工股票及期权的条件，现在与员工的工作业绩挂钩。衡量业绩的标准为：股东的投资回报率、资产回报率以及营业收入，必须达到同行业水平的前40位时，员工才能获得奖励；如果业绩达到前25位，则奖金翻倍。林肯公司的主席兼CEO乔恩·博希亚（Jon Boscia）说："我们公司新的长期奖励计划更有影响力，更加关注股东利益，而且有严格的业绩衡量标准。"

戴维斯说，林肯公司新的长期奖励计划覆盖了大约60%的公司高层管理人员。一项类似的、仅在达到

业绩目标时,才得以实行的股票奖励计划,正在使公司更多的员工受惠。

## 薪酬的复杂性

爱德华·劳勒(Edward Lawler)是南加利福尼亚大学马歇尔商学院的管理学及组织学教授,著有《善用你的金员工》(Treat People Right)一书。劳勒教授强烈支持公司实行全员股票薪酬计划。

爱德华认为,公司高层管理者下属的员工,也许会认为其工作表现不会影响到公司股票价格。但是,如果这些员工持有公司股票,就会产生某种自豪感。劳勒教授担心的是,公司并不会让这些员工持股,而宁愿让高级管理人员持股。他认为,这样做会阻碍股票薪酬的推广,因为股票薪酬本身就是基于广大员工基础之上的。

劳勒认为,很明显,公司赠予员工期权,如果等待行权期过短,那么,这种赠与就是错误的。这使得经理们把注意力都集中在短期收益以及股票价格上,这对于公司有害无益,并且会损害信用。他强调说,如果一定要让期权在薪酬计划中发挥作用,那也必须一种长期的激励作用。

## 有限选择计划

花旗集团在美国及加拿大大约有 8 万到 9 万的员工有资格参与花旗集团的股票期权计划。因此，一处微小的计划调整，都会对公司业绩产生重大影响。

谢瑞·迈耶-汉诺威（Sheri Merer-Hanover）主管花旗集团的全球资产薪酬计划。他说，即便如此，公司依然对奖励计划做了调整。目的是使奖励计划对员工更有吸引力，更容易控制。例如，其中一项重要的调整就是，让参与股票期权计划的员工，能够把部分期权兑换成限制股票（每 4 份期权兑换 1 股）；公司还为员工提供另外一项类似的计划，在限制股票计划中，允许员工减少 25% 的限制股，每股可以相应地得到 4 份期权。迈耶-汉诺威指出，花旗集团的资产薪酬计划，虽然不是一套完整的自选式薪酬计划，但确实为员工提供了更多的选择。

为了加强对基于股票的薪酬奖励计划的控制，花旗集团将后来奖励给员工的期权的行权期限，由原来的 10 年降减至 6 年；并且，规定员工通过行使期权购买的股票，必须持有两年之后才可出售。

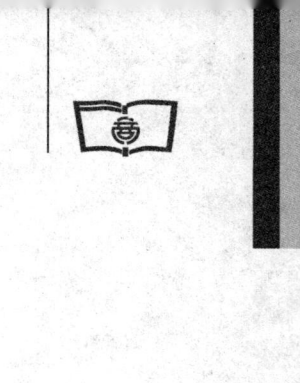

# 作者简介

# 作者简介

查尔斯·沃戴尔(Charles Wardell)《哈佛管理前沿》撰稿人。

罗兰·盖瑞(Loren Gary),哈佛商学院出版社通讯编辑。

亚当·托布勒(Adam Tobler),《哈佛管理前沿》撰稿人。

安妮·费尔德(Anne Field),驻纽约佩勒姆,诸多知名管理出版公司的撰稿人。

西奥多·金尼(Theodore Kinni),驻弗吉尼亚州威廉斯堡。曾写过或为人代笔写过7本书。

詹尼弗·麦克法兰(Jennifer McFarland),《哈佛管理前沿》撰稿人。

约翰·凯斯(John Case),《哈佛管理前沿》撰稿人。

罗兰·凯勒·约翰逊（Lauren Keller Johnson），《哈佛管理前沿》撰稿人。

克里斯滕·B.多纳休（Kristen B. Donahue），《哈佛管理前沿》撰稿人。

弗雷德里克·F.瑞克霍德（Frederick F. Reichheld），贝恩公司荣誉董事及研究员，著有《忠诚法则！当代公司领导人如何建立牢固持久的关系》一书（Loyalty Rules! How Today's Leaders Build Lasting Relationships）（哈佛商学院出版社，2001年）。

彼得·雅各布斯（Peter Jacobs），《哈佛管理前沿》撰稿人。